2륜자동차로 편견의 벽을 넘기
— 대한민국 법은 개법인가?

박동성 지음

도서
출판 계간문예

2륜자동차로 편견의 벽을 넘기
— 대한민국 법은 개법인가?

박동성 지음

| 차례

시작하는 글 _ 6

1. 헌법의 문제 조항 _ 16
2. 자유민주주의 _ 37
3. 법치주의와 기강 _ 51
4. 악법과 민주주의 _ 66
5. 이륜자동차 차별에 대한 헌법재판소의 판단 _ 89
6. 오토바이와 이륜자동차 _ 103
7. 고속 교통과 고속도로 _ 112
8. 위험의 종류 _ 126
9. 이름표 소송 _ 142
10. 유교 근본주의 _ 167
11. 주홍 글씨 _ 203
12. 편견의 벽 _ 223
13. 이륜차의 즐거움 _ 235

마치는 글 _ 252
인물탐구 · 기드온의 나팔 _ 261

■ 시작하는 글

저는 경찰관으로 재직 중이던 2007년 4월 9일 이륜자동차를 운전하여 고속도로를 주행했던 일로 징계처분을 받았던 사람입니다. 그 일로 인하여 많은 논란이 있었고, 비난과 격려가 쏟아졌습니다.

그 사건으로 초래된 사법절차와 행정소송, 헌법소원 등의 모든 법적 절차는 이미 종료되었습니다. 그런데 저는 위와 같은 소송을 진행하면서 우리나라 헌법에 민주적 가치를 충족하기 어려운 조항이 있음을 알게 되었습니다.

모든 사람을 만족시키는 헌법이 어디에 있겠냐는 반론이 있겠지만, 국민의 기본권에 현저한 장애를 줄 수 있다면 이의를 제기함이 마땅하다고 생각합니다.

헌법에 부족한 점이 있다고 해도 국회가 입법 활동을 함에 있어 기본권을 존중하는 방향으로 법을 만들고, 자유나 권리를 부당하게 제약하는 법을 적극적으로 개정하거나 폐지한다면, 헌법의 부족함은 상쇄될 수 있습니다.

그리고 사법부에서도 헌법 정신에 위반되는 실정법에 대하여는 빠짐없이 위헌제청을 하고, 헌법재판소에서도 국민의 기본권에 관한 한 엄격하게 헌법 정신이 실현되도록 노력한다면, 헌법의 부족함을 보완하여 국민의 자유와 권리를 보장하는데 큰 문제가 없을 것입니다.

그러나 불행하게도 우리의 헌법이 국민의 기본권을 보장하는데 미흡한 점이 있는데다가, 입법이나 행정, 사법을 담당하는 고위 공직자들이 헌법의 가치를 실현하려는 의지를 보이지 않고 있습니다.

헌법은 국민의 기본권을 규정하고 대한민국의 정체성을 규정하는 최상위의 법이라고 할 것인데, 입법이나 행정, 사법의 기능을 수행하는 기관들이 헌법 정신에 위배되는 법을 만들거나, 정책을 집행하거나, 판결한다면, 대한민국에서 자유민주주의를 실현하기 어렵습니다.

또한, 국회나 사법부, 헌법재판소는 모두 헌법기관에 속하므로 국회의 입법 활동이나 법원의 판결, 헌법재판소의 결정에는 대한민국이 추구하는 자유민주주의의 방향과 가치를 제시하는 헌법 정신이 들어 있어야만 합니다. 국회에서 기본권을 무시하는 법을 제정하고, 사법부나 헌법재판소가 헌법 정신을 반영하지 못하는 판결과 결정들을 쏟아 낸다면, 우리사회는 헌법과 동떨어진 방향으로 나아갈 것이고 민주주의는 먼 나라 이야기가 되고 말 것입니다.

원래 이 글은 '개법'이라는 제목으로 썼습니다. 그런데 '개' 자가 들어가는 제목이 글을 처음 접하는 사람들에게 부정적

선입견을 준다는 주변의 권고에 따라서 '개법'은 부제로 밀려 났습니다. 아예 삭제하라는 충고가 있었음에도 '개법'이 부제로나마 남을 수 있었던 것은 "대한민국 헌법이 개법인가?"라는 의문이 이 글을 쓰게 한 동기였기 때문입니다.

'개법'이라는 표현은 오래 전에 함께 근무했던 한 선배 경찰관이 입에 자주 올렸던 말입니다. 술에 취한 사람이 파출소에서 욕설을 하며 행패를 부려도 그 분의 생각만큼 엄하게 처벌받지 않을 때나, 시위대가 각목이나 화염병으로 기동대원을 공격하는 뉴스를 접했을 때에 그 선배는 "대한민국 법은 개법이여!"라고 개탄하곤 했습니다. 그 분은 제 기능을 다하지 못하는 있으나마나한 법을 개법이라고 여겼습니다.

개법을 이 글의 부제로 사용하면서 그 선배와 마찬가지로 '제 기능을 하지 못하는 있으나마나한 법'으로 정의하고자 합니다. 그리고 인간의 기본권 보장 측면에서 대한민국 헌법이 어떤 이유로 제 기능을 다하지 못하고 있는지 살펴볼 것입니다.

헌법을 제정하여 국민의 자유와 권리를 충분히 보장하고 있는 나라에서 민주적 가치와 인권을 부정하는 실정법이 집행되어 국민의 기본권이 침해된다면, 그 나라의 헌법 정신이 정당하게 실현되었다고 말 할 수 없습니다. 헌법이 그 정신을 실현하지 못하고 있으나마나한 법이 되어 버린다면, "대한민국 헌법은 개법이여!"라고 탄식하는 국민들이 늘어날 것입니다.

사실 제 기능을 다하지 못하는 엉터리 법을 개법이라고 부르는 것은 개의 충성심을 모독하는 것일 수도 있습니다. 무한한 충성심으로 언제나 주인의 편에서 행동하는 개의 천성을 닮았다면, 개법은 주인인 국민의 이익에 충실하며 국민의 편에서 정의를 실현하는 법이어야 하고, 좋은 개념으로 자리매김해야 합니다.

인간과 가장 가까우며 충성스러운 동물인 개가 접두어로 쓰이면서 나쁜 것이나 하찮은 것을 의미하게 된 것은 인간이 편견을 만들어 내는 방식을 그대로 반영하고 있습니다. 자신보다 열등한 위치에 있어서 아무렇게나 대해도 되는 상대를 차별하고, 부정적으로 표현하면서 고정관념을 형성해 가는 것은 같은 인간에게도 적용됩니다.

이런 편견의 예는 가부장적이며 봉건적인 사회에서 여자에게 적용되었습니다. 체격이나 힘에 있어서 남자보다 약한 상태에 있는 여자들은 남성에 비하여 열등한 대접을 받았으며 부정적으로 표현되었습니다. "여자 셋이 모이면 접시가 깨진다."라거나, "암탉이 울면 집안이 망한다." 등과 같이 지금은 잘 쓰이지 않지만 여자와 관련된 속담은 대부분 부정적인 것입니다.

또한 남자에게는 적용되지 않았던 정절의 의무나 삼종지도(三從之道), 칠거지악(七去之惡) 등 여성이 감수해야 했던 사회적 규제는 한두 가지가 아니었습니다. "여자와 아이들을 그냥 놔두면 상투 끝까지 기어오른다."라는 말에서 지배계급 남성의 관념을 엿볼 수 있으며, "여자와 북어는 팰수록 부드러워진다."라는 비인간적인 속담마저 나온 것을 보면 과거에 여성을 억압했던 사회적 폐습의 정도를 실감할 수 있습니다.

우리사회에서 여성에 대한 차별이 완전히 해소되었다고 단언할 수 없다면, 모든 사회적 폐습과 불의를 타파할 것을 천명한 대한민국 헌법 전문의 정신이 실현되도록 노력해야 합니다.

그것은 단지 여성문제에 국한되는 것이 아니며, 장애인이나 이주 노동자, 다문화 가정의 자녀들과 같은 사회적 소수자들이 겪는 부당한 편견과 그것을 바탕으로 한 차별과 불이익을 없애야 한다는 데까지 나아가는 것을 의미합니다.

이 글은 주로 제가 경찰관으로 근무하면서 겪었던 일들을 헌법 정신과 인권이라는 측면에서 고민해 보고자 쓴 것입니다. 또한 공적으로는 경찰관 신분이지만 사적으로는 한 개인으로서 가진 몇 가지 고민들도 함께 나누고자 합니다.

이 글에서 사회적 소수자에 대한 편견과 차별에 대하여 논하는 것은 제가 열광하는 취미인 '이륜자동차 사용'에 대한 법적 차별이 여타의 사회적 소수자에 대한 차별의 경우와 마찬가지로 다수의 국민에게 존재하는 편견에서 초래되었다고 믿기 때문입니다.

"오토바이 한 대 생산될 때마다 과부 한 명이 생긴다."라는 근거 없는 말이나 "고속도로에서는 오토바이가 대형차의 바람에 날아간다."라는 과학적으로도 불가능한 말들이 사실(truth)처럼 받아들여지는 것은 사람들이 어떤 대상에게 편견을 가질 경우 사실(fact)의 진위 여부에 관계없이 그대로 믿어버리는 경향이 있기 때문입니다.

암탉이 우는 것과 집안의 흥망이 아무런 상관관계가 없음에도 여성에 대한 편견을 가진 지배층 남성들은 "암탉이 울면 집안이 망한다."라는 말을 사실로 믿었고 여성을 억압하는 논리로 사용하였습니다.

이륜자동차 사용자를 부당하게 차별하는 법률에 대한 헌법소원에서 헌법재판소가 헌법 정신을 부정하는 결정을 아무렇지 않게 내리는 것은 무엇 때문일까요?

그것은 경찰관의 제복에 이름표를 달도록 강요하는 규정에 대한 행정소송에서 사법부가 경찰관에 대하여 인간의 기본권을 인정하지 않는 판결을 내린 논리와 마찬가지로 헌법 정신과는 정면으로 배치되는 것입니다.

헌법재판소의 결정문과 사법부의 판결문에 나타난 인권 경시 태도에 대한 비판은 이어지는 본문에서 다룰 것입니다.

문제는 이륜자동차 사용자들을 차별해도 된다는 헌법 재판관들의 논리와 경찰관의 인권을 인정치 않는 법원의 논리가 곧바로 다른 소수자들에 대한 차별에 적용될 수 있다는 부분입니다.

우리나라가 민주공화제의 헌법을 제정한지 60년이 넘었으며, 제정 당시의 헌법이나 지금의 헌법이 국민의 기본권 보장 부분에 있어서는 크게 달라진 것이 없습니다. 그럼에도 불구하고 민주주의와 국민의 기본권 보장이 더디게 진행된 이유를 꼽는다면, 독재정권의 등장을 가장 큰 이유라고 할 수 있겠지만, 사법부와 헌법재판소의 안일한 인권 의식과 자유민주주의에 대한 철학 부재 또한 큰 몫을 차지했을 것이라는 생각을 지울 수 없습니다.

이 글은 자유민주주의적 가치를 근거로 사법부와 헌법재판소의 부당한 판결과 결정을 비판할 것입니다. 물론 이 글의 논리에 대한 논리적 비판이 있을 것이고, 이 글의 내용과 극단적으로 다른 신념을 가진 사람이 있을 수 있겠지만, 그 또한 자유롭게 표현될 수 있어야 하는 것이 대한민국 헌법이 지향하는 가치라고 생각합니다.

1. 헌법의 문제 조항

국민의 자유와 권리

대한민국 헌법은 1948년 7월 17일 제정된 이후 9번의 개정이 있었습니다. 몇몇 독재자들이 정권을 연장하기 위해서 입맛대로 바꿔 놓은 헌법을 다시 개정하는 일이 되풀이되었습니다. 현행 헌법은 여야 합의로 1988년에 개정되어 20년이 넘었고, 5번째 대통령을 배출하였으니 이전의 헌법들에 비한다면 장수하는 셈입니다.

그런데 현행 헌법으로 개정을 하면서 비민주적 규정이나 독재정권이 왜곡시켜 놓은 제도를 고쳐 놓지 않은 부분들이 있습니다.

1988년 당시에는 대통령의 임기와 연임(連任) 여부에만 관심이 있어서 헌법의 결함을 시정할 여유가 없었던 것으로 보입니다.

사실 제헌의원들 중에서 다수를 차지하는 사람들이나 초대 대통령인 이승만은 민주주의자들이 아니었습니다. 그들은 조선시대에 태어나 교육을 받았고, 일제시대를 겪으며 늙은 사람들이었습니다.

그들은 조선의 왕이나 특정 체제의 권력자가 명령하면 백성들은 그대로 따르는 것을 순리라고 체득한 사람들이었습니다. 국민들의 자유와 권리를 보상하는데 생소한 사람들이었으며, 자신들이 천민들이나 집안의 머슴들과 평등한 관계라고 생각하지 않았습니다.

그들은 무식한 평민들에게까지 언론이나 집회의 자유가 있어야 한다는 것을 받아들이기 어려웠지만, 제2차 세계대전의 결과로 진주한 강대국들에 의해 민주주의라는 형식을 받아들일 수밖에 없었습니다. 그리고 민주국가의 헌법에는 국민의 자유와 권리를 명시하는 부분이 있어야 된다고 하니 그런 조항들을 만들었을 뿐입니다. 그렇게 하지 않으면 민주공화국이라고 부르기가 민망했기 때문이었는지도 모르겠습니다.

어떻든 봉건적 사고방식에 젖어 있는 의원들이 다수를 차지했던 제헌국회는 자유민주주의를 그대로 수용하지 못하고 헌법에 민주주의를 억압할 수 있는 조항을 끼워 넣었습니다. 타의에 의해서 민주주의가 도입된 제헌헌법과 이후 여러 차례 개정된 지금의 헌법까지 국민의 기본권과 자유를 보장하면서도 한편으로는 그렇지 않은 우리 헌법의 규정을 들여다보겠습니다.

헌법 제37조

② 국민의 모든 자유와 권리는 국가안전보장·질서유지 또는 공공복리를 위하여 필요한 경우에 한하여 법률로써 제한할 수 있으며, 제한하는 경우에도 자유와 권리의 본질적인 내용을 침해할 수 없다.

헌법 제2장에는 제10조부터 제39조까지 국민의 권리와 의무가 규정되어 있는데, 여러 가지 국민의 기본권이 열거된 후에 마지막에 제37조로 권리의 제한에 관하여 규정하고 있습니다.

헌법 제37조 제2항을 표피적으로 이해하면, 국민의 자유를 제한할 때에는 신중히 해야 한다는 규정으로 보이며, 옳은 일을 위해서는 어쩔 수 없이 국민의 자유와 권리를 제한할 수밖에 없다는 입법자들의 고민이 들어 있는 듯합니다.

그러나 이 규정은 권력자가 국민의 자유와 권리를 이런저런 핑계를 대기만 하면, 얼마든지 제한할 수 있게 보장해 주는 독소 조항이며 실제로도 그렇게 사용되어 왔습니다.

애초에 제헌 헌법에는 제28조로 "국민의 자유와 권리를 제한하는 법률의 제정은 질서유지와 공공복리를 위하여 필요한 경우에 한한다."라는 규정을 두었는데, 1972년 박정희 정권이 유신헌법을 만들면서 '국가안보'를 추가하여 국민의 자유와 권리의 제한 범위를 더욱 확대시켰습니다.

그런데 실정법의 대부분은 국가안보와 질서유지, 공공복리에 관련되어 있으므로 헌법 제37조는 앞서 규정한 국민의 기본권들을 모두 무력화 시키는 조항이라고 할 수 있습니다.

헌법의 제2장은 국민의 권리를 보장하는 규정들이 있으므로 권리장전이라고 부를 수 있습니다. 그런데 권리장전에 국민의 자유나 권리를 이런저런 사유로 제한할 수 있다는 규정을 반드시 두어야 하는 것은 아닙니다.

외국의 경우는 어떤지 가장 오래된 공화제 헌법인 미국 헌법의 수정 제1조를 살펴보겠습니다.

미국 헌법 수정 제1조(종교, 언론 및 출판의 자유와 집회 및 청원의 권리)

의회는 국교를 정하거나 자유로운 신앙 행위를 금지하는 법률을 제정할 수 없다. 또한 언론, 출판의 자유나 국민이 평화로이 집회할 수 있는 권리 및 불만사항의 구제를 위하여 정부에게 청원할 수 있는 권리를 제한하는 법률을 제정할 수 없다.

Congress shall make no law respecting an establishment of religion, or prohibiting the free exercise thereof; or abridging the freedom of speech, or of the press; or the right of the people peaceably to assemble, and to petition the government for a redress of grievances.

우리의 헌법은 국민에게 이러저러한 자유나 권리가 있다고 알려준 다음에 국가안보 또는 질서유지, 공공복리를 위해서라면 그러한 자유나 권리를 제한할 수 있음을 고지하고 있습니다. 그런데 미국의 헌법은 국민에게 고지하는 것이 아니라 의회에게 "자유나 권리를 제한하는 법률을 제정할 수 없다."라고 명령하고 있습니다.

그리고 미국의 헌법 어디를 뒤져봐도 국가안보나 질서유지,

공공복리를 이유로 자유나 권리를 제한하는 법을 만들 수 있다는 규정을 두고 있지 않습니다. 어떠한 이유로도 인간의 기본권을 제한하는 법을 만들 수 없다는 미국의 헌법과 이런저런 이유를 대기만 하면 기본권 제한이 가능하다는 우리의 헌법은 그 간격이 너무도 커서 메울 수가 없을 정도입니다.

200년 전에 만들어진 미국의 헌법에 비하여 국민의 자유와 권리에 대해 미숙한 규정을 둔 이유가 궁금하지 않습니까? 권리장전은 권리를 보장하는 것으로 족합니다. 권리를 제한하는 규정을 둔다면 그것을 더 이상 권리장전이라고 부를 수 없습니다.

대한민국이 건국될 때부터 헌법의 권리장전 부분에 권리를 제한하는 규정을 두게 된 것은 앞에서도 언급했지만 제헌 헌법을 만든 다수의 제헌의원들이 민주주의자들이 아니었기 때문으로 생각할 수 있습니다.

국민을 국가의 주인이라고 생각하기보다는 다스려야할 대상으로 보았고, 민주주의보다는 봉건적 지배체제에 익숙했기 때문에 국민들에게 자유와 권리를 보장하는 데에 부정적이었습니다.

타의에 의해서 민주공화제 헌법을 만들기는 하지만, 백정들이나 머슴들이 언론의 자유나 집회의 자유를 갖는 것에 대한 거부감을 가졌던 사람들이 헌법의 권리장전 끝부분에 앞에서 열거한 모든 권리를 무력화 할 수 있는 규정을 추가하였습니다.

우리나라 국가기관이 사용하는 관용차의 출입문에 쓰인 문구를 보신 적이 있을 겁니다. 우리나라 관용차에는 '공무수행' 이라고 적혀 있는데, 미국의 관용차에는 'For Official Use Only' 라고 적혀 있습니다. 우리나라의 관용차는 "이 차를 탄 사람은 공무원이고, 이 차는 공무를 수행 중이다."라는 사실을 고지하는데 반하여 미국의 관용차에 쓰인 글은 "이 차를 공무에만 사용해야 한다."라고 공무원들에게 명령하고 있습니다.

이렇게 쓰나 저렇게 쓰나 결국은 다 같은 뜻이라고 하실지 모르겠습니다. 그러나 우리의 헌법은 "자유가 제한되더라도 다 이유가 있으니 그리 알아라."라고 국민에게 고지하지만, 미

1. 헌법의 문제 조항 23

국의 헌법은 "자유나 권리를 제한하는 법을 만들어서는 안 된다."라고 입법자들에게 명령하고 있습니다.

어떤 사람들은 "우리나라가 북한과 대치하고 있으니 통일이 될 때까지 국민의 자유나 권리가 일부 유보되어야 한다."라고 주장합니다. 하지만 미국도 1791년 수정 제1조부터 제10조까지의 권리장전을 채택한 이래로 수많은 전쟁을 치렀습니다. 연방끼리 나뉘어 남북전쟁을 벌였고, 20세기에 들어서서는 1·2차 세계대전에 참전했습니다. 핵무기 시대에는 소련을 위시한 공산국가와 반세기 동안 대치하였음에도 전쟁이나 적과의 대치를 이유로 헌법을 고쳐서 국민의 자유를 유보하지 않았습니다.

오히려 헌법이 자유를 충분히 보장하기 때문에 미국의 젊은 이들이 그것을 지키기 위해 기꺼이 전쟁터에 나갔습니다. 그러한 점으로 볼 때 자유를 유보해서 국가안보를 유지하겠다는 것은 그것을 핑계로 국민을 노예처럼 부리겠다는 말장난일 뿐입니다.

우리 헌법의 미숙한 점에 비추어 보면 200년 전에 미국의 국부들이 가졌던 민주적 사고와 시민적 자유에 대한 열정에 경의를 표하지 않을 수 없습니다. 또한, 미국 시민들이 자신들의 헌법과 그 법을 만든 국부들에 대하여 큰 자부심을 갖는 것에 공감할 수 있습니다.

검사의 영장 청구권

우리나라에서는 검사가 수사권을 독점하고 있습니다. 이러한 검사의 수사권 독점에 대하여 오래전부터 여러 경찰관들이 수사권 조정을 요구해 왔습니다. 이제까지 여러 경찰관들이 제기한 수사권 조정 요구가 합리적인 것이라고 공감하지만, 이 글에서 수사권 조정에 대한 언급은 하지 않을 것입니다.

다만 헌법에 규정하고 있는 검사의 영장 청구권에 대한 문제점을 짚어 보고자 합니다. 수사권 조정은 법률의 개정으로 가능한 사안인데 반하여 검사의 영장 청구권 독점은 헌법의 개정으로만 바로잡을 수 있다는 점에서 더욱 중요한 사안이라 하겠습니다. 그러면 검사의 영장 청구권을 명시한 헌법의 규정을 살펴보겠습니다.

> 헌법 제12조
> ③ 체포·구속·압수 또는 수색을 할 때에는 적법한 절차에 따라 검사의 신청에 의하여 법관이 발부한 영장을 제시하여야 한다. (이하생략)

이 규정을 별 생각 없이 읽으면 체포, 구속, 압수, 수색을 행할 때에 영장주의를 택함으로써 국민의 권리 침해를 최소화하려는 규정으로 보일 뿐입니다. 그런데 "검사의 신청에 의하여"라는 표현에 독재자의 숨은 의도가 있음을 보아야 합니다.

사실 1960년 제5호로 개정된 헌법까지만 해도 위 조항은 "체포, 구금, 수색에는 법관의 영장이 있어야 한다."라고만 되어 있어 검사의 영장 청구권을 명시하지 않았습니다.

그런데 박정희 정권이 출범하면서 개정한 1963년의 제6호

개정 헌법에서 "체포·구금·수색·압수에는 검찰관의 신청에 의하여 법관이 발부한 영장을 제시하여야 한다."라고 바뀌었습니다. 즉, 검사의 영장 청구권을 헌법에 명시함으로써 검사 이외에 다른 수사기관이 법관에게 영장을 청구할 수 있는 길을 막아버린 것입니다.

이 규정은 이후에 있었던 여러 번의 헌법 개정에도 살아남아 오늘에 이르고 있습니다. 누가 영장을 청구하든지 결국 판사가 영장의 적정성 여부를 검토하고 발부하거나 기각할 것입니다.

그런데 이전에 없던 검사의 영장 청구권을 박정희 정권이 군정(軍政)을 끝내고 민간 정부로 출범하면서 신설한 이유가 무엇이라고 생각하십니까? 혹시 인권보장에 관심이 많은 검사들만이 영장을 청구하게 하면 피의자의 권리가 더욱 보장될 것이기 때문이라는 생각이 드십니까? 검사가 영장 청구권을 독점하는 제도가 국민의 권리와 편익 증진에 도움이 된다면, 이 제도가 비판을 받아야 할 이유는 없습니다.

그러나 이 제도는 국민의 권리나 편익 증진과는 전혀 관계없이, 박정희 정권이 검찰을 정권에 순종하도록 길들이면서 검사들의 충성을 유인하는 당근으로 사용한 제도일 뿐입니다. 영장에 대하여 규정하고 있는 미국 헌법의 수정 제4조에도 검사의 영장 청구권을 명시하는지 확인해 보겠습니다.

> 미국 헌법 수정 제4조(수색 및 체포 영장)
> 부당한 수색, 체포로부터 신체, 가택, 서류 및 재산의 안전을 보장받을 인민의 권리는 침해당하지 아니하며, 어떠한 영장도 상당한 이유에 의하고, 선서 또는 증언에 의하여 뒷받침되어야 하며, 특히 수색될 장소, 체포될 사람 또는 압수될 물품을 기재하지 아니하고는 이를 발급할 수 없다.
>
> The right of the people to be secure in their persons, houses, papers, and effects, against unreasonable searches and seizures, shall not be violated, and no warrants shall issue, but upon probable cause, supported by oath or affirmation, and particularly describing the place to be searched, and the persons or things to be seized.

미국의 헌법에는 영장 발부의 조건과 영장의 내용에 관하여 규정할 뿐 누가 신청하고 누가 발부한다는 규정조차 두고 있지 않습니다. 규정이 허술해서 미국 국민들이 우리나라 국민들보다 체포나 압수, 수색에 있어서 불이익을 받는다는 증거는 어디에도 없습니다.

다만 우리나라에서는 수사권과 더불어 영장 청구권을 검사가 독점함으로써 영장에 관한한 검사는 판사와 대등한 권한을 가지고 있습니다. 다른 수사기관에서 영장을 신청해도 검사가 영장을 청구하지 않으면 그만이니, 피의자의 구속 여부는 판사보다는 검사의 의지에 더 달려 있다고 볼 수도 있습니다.

검사를 통해서만 영장을 청구할 수 있으니 화급을 다투는 수사에 있어서 검사를 경유하느라 지체하는 시간 또한 무시할 수 없습니다. 검사가 영장을 심사하는데 얼마나 걸리는데 그러냐고 하실지 모르지만, 저녁 먹으로 갔다는 당직 검사를 몇 시간씩 기다리면서 속 터져본 형사들은 그렇게 생각하지 않습니다.

무엇보다 검사의 영장 청구권 독점의 문제는 견제받지 않는 권력을 낳았다는 것입니다. 다른 수사기관에서 검사의 개인 비리 혐의를 포착했다고 가정해 보겠습니다. 혐의를 입증하기 위해서는 은행 계좌나 컴퓨터 기록 등의 압수 수색이 필요하다는 것은 상식입니다.

그런데 영장 청구권을 검사가 독점하고 있으니 다른 수사기관에서는 검사의 비리와 관련하여 검사에게 압수 수색 영장을 청구해 달라고 요구해야 합니다. 물론 수사권도 검사가 가지고 있으니 검사와 관련된 수사를 중지하고 사건을 검찰청으로 넘기라는 수사 지휘가 내려올 것이 뻔히 예상되는 상황입니다.

검사에게 영장 청구권을 준 상태에서는 수사권을 조정하여 다른 수사기관에서 독립된 수사를 할 수 있다고 해도, 검사와 관련된 비리는 수사할 수 없다는 말이 됩니다. 몇 해 전에 수천만 원의 돈을 받은 검사에 대해서 검찰이 자체 조사하여 직무와의 관련성이나 대가성이 없다는 결론을 내린 것이 함축하는 바가 무엇이겠습니까? 검사는 비리가 있어도 조직의 자체 조사를 받는 것 외에 형사 소추될 가능성이 없다는 것입니다.

박정희 정권은 이러한 당근을 검사에게 주면서 검찰을 사유화 할 수 있었습니다. 검사는 대통령과 법무장관, 검찰총장으로 이어지는 권력에 순응하기만 하면 국민과 다른 정부기관 위에 군림할 수 있는 권력을 가지게 된 것입니다.

경찰의 수사권 조정 요구를 일부 언론에서는 밥그릇 싸움이라고 하지만 이는 잘못된 표현입니다. 실제로 수사를 행하는 부서가 수사할 권한이 없다는 것은 상식에서 벗어난 것이며 지금 경찰에서 요구하는 정도의 수사권 조정이 도를 벗어나서 검찰의 권한을 약화시키는 것도 아닙니다.

검찰을 중앙 정부의 권력으로부터 완전하게 분리하는 것이 국민에게 이익이 되는 민주적 개혁일 것입니다. 지방검찰청 검사장을 국민이 직접 뽑도록 한다면 지방검찰청의 검사가 정치적 이해가 얽힌 수사를 함에 있어서 중앙권력의 눈치를 보지 않고 수사권을 행사할 수 있습니다.

지방검찰이 특정 정파에 치우친 수사를 할 경우 검사장을 주민소환으로 물러나게 할 수 있다면, 지방검찰이 굳이 중앙권력의 눈치를 보거나 특정 정파를 위한 수사를 하지 못할 것입니다. 이렇게 중앙권력이나 특정정파로부터 독립된 지방검찰의 수사가 국민의 이익에 반할 리 없습니다.

마찬가지로 다른 수사 기관이 검사를 거치지 않고 판사에게 직접 영장을 청구하는 길을 터주는 것이 국민의 이익에 부합하는 것입니다. 신속한 영장 청구로 증거 수집의 적법성을 갖추기가 용이해 지는 것과 검사의 비리에 대해서도 성역 없이 실체적 진실을 밝힐 수 있는 것이 국민에게 불이익이 될 리 없습니다. 장기적으로 볼 때 권력을 분산시키고 견제를 가능케 한다는 점에서 더욱 투명한 사회를 만드는데 도움이 될 것입니다.

군인 등의 국가배상청구권

헌법 제29조 제2항을 보면 "군인·군무원·경찰공무원 기타 법률이 정하는 자가 전투·훈련 등 직무집행과 관련하여 받은 손해에 대하여는 법률이 정하는 배상 외에 국가 또는 공공단체에 공무원의 직무상 불법 행위로 인한 배상은 청구할 수 없다."라고 규정하고 있습니다.

헌법에 이런 규정이 들어가게 된 것은 1972년 6월 22일 대법원에서 "군인이 전투 훈련 및 직무 수행 중 전사, 순직, 공상으로 유족 연금을 받을 수 있는 경우는 제외한다."라는 국가배상법 제2조의 단서조항이 위헌이라고 판결한 것이 원인이었습니다.

박정희 정권은 1967년 국가배상법을 개정하면서 군인이 국가에 대한 손해 배상을 할 수 있는 청구권을 제한하였는데, 국고 손실을 줄인다는 명목으로 군인들의 희생을 방치하자는 것이었습니다. 이런 법률에 대하여 대법원에서 위헌이라고 결정하자 1972년 친위 구데타로 유신헌법을 선포하면서 군인 등 특정 공무원에 대한 국가배상을 금지하는 규정을 헌법에 신설한 것입니다.

이전의 국가배상법의 단서조항에는 군인의 경우에만 손해배상청구권을 제한하는 규정을 두었었지만, 유신헌법에는 '군무원, 경찰, 기타 법률이 정하는 자'로 그 대상을 내폭 확대하여 위험한 임무를 수행하는 공무원의 법적인 권리를 박탈하였습니다.

또한 대법원에 대한 보복으로 대법원이 가지고 있던 위헌법률심사권을 박탈하고, 위헌 결정을 내린 대법관 전원을 재임용에서 탈락시켰습니다.

특정 공무원의 국가배상청구권을 헌법으로 금지한 유신 독재의 독소조항은 그 이후의 헌법 개정 때에도 고쳐지지 않았습니다.

사랑하는 자식이 군대나 전투경찰대에서 복무하다가 불의의 사고로 목숨을 잃었다고 해도 국가가 정한 보상금 외에는 어떠한 청구권도 행사할 수 없습니다. 국가에 배상책임이 있는 억울한 사연이 있더라도 소용없으며, 아무리 유능한 변호사가 사건을 수임한다고 해도 헌법에 배상청구권을 금지해 놓았으니 도리가 없습니다.

나라를 위해서 헌신하던 중에 죽거나 다치더라도 국가를 귀찮게 하지는 말라는 이 조항은 박정희 정권의 실체를 그대로 보여 준다고 할 수 있습니다.

이 조항은 비교해 볼만한 다른 나라의 헌법이 없을 정도로 부당한 조항인 점을 감안해 보면, 6월 항쟁의 결과로 현행 헌법으로 개정하는 작업을 하면서 유신독재의 잔재를 청산하는 데 부실했다는 비판을 면하기 어렵다고 할 것입니다.

지금까지 여러 차례 개헌의 필요성을 주장한 정치인들이 있었지만, 대통령의 임기나 국회의원의 선거구제와 같은 권력구조 개편에 대해서만 관심을 가지고 있을 뿐, 헌법의 비민주적이고 반인권적인 조항들에 대한 개폐 필요성을 언급한 적이 없었습니다.

지금도 정치권에서 권력구조와 관련하여 개헌의 필요성을 주장하는 정파가 있지만, 앞에서 언급한 헌법의 문제조항에 대한 개정이나 폐지를 주장하는 정파는 없습니다. 권력구조 개편에 대한 논의도 꼭 필요한 것일 수 있습니다. 그러나 정파의 이해관계에 따른 권력구조의 개편보다는 인간의 사유와 인권이 최대한 보장되는 헌법으로 개정하는 것이 국민에게 이익이 되는 개헌이 될 것입니다.

    또다시 개헌 논의가 시작된다면, 헌법 제37조 제2항을 개정하여 진정으로 국민의 자유와 권리를 보장하는데 충실하고, 제12조 제3항으로 규정한 검사의 영장 청구 독점권을 폐지하여 수사권의 부당한 집중을 해소하며, 제29조 제2항으로 규정한 특정 공무원에 대한 국가배상 청구권 제한을 폐지하여 평등권을 회복시켜야만, 진정으로 국민을 주인으로 여기는 민주국가의 헌법이라고 부를 수 있게 될 것입니다.

2. 자유민주주의

앞으로도 몇 가지의 용어의 통념에 대하여 이의를 제기하겠지만, 대한민국이 자유민주주의 국가라고들 말하니 먼저 이 용어에 대해서 다시 한 번 생각해 보아야 합니다.

여러분은 대한민국이 자유민주주의 국가라고 생각하십니까? 좀 황당한 질문 같겠지만 사실 의식이 있는 시민이라면 때때로 자신이 속한 국가의 정체성과 사회제도에 대하여 질문하고 숙고하는 시간을 가져야 합니다. 이 질문에 "그렇다."라고 답변하려면 먼저 자유주의와 민주주의에 대한 정의를 바르게 내리고, 그렇게 정의 내린 자유주의와 민주주의가 대한민국 영역 내에서 법과 제도로써 바르게 실천되고 있다는 근거를 댈 수 있어야 합니다.

이 질문의 답을 구하면서 대한민국이 자유민주주의 국가이기를 간절히 바랬지만, 유감스럽게도 자유민주주의 국가라고 단정할 수 없었습니다. 그렇다고 해서 대한민국이 바로 독재국가가 되는 것은 아닙니다.

1987년 6월 시민항쟁으로 개정된 현행 헌법에 의해서 대통령 직선제가 회복되었고, 경쟁관계에 있는 정당 간에 평화적인 정권교체를 이루었으며, 많은 부문에서 민주주의와 인권이 개선되었습니다. 그럼에도 불구하고 자유민주주의의 핵심을 이루는 요소를 대한민국이 갖추었는지에 대하여는 고개를 갸우뚱하게 만드는 부분이 있습니다.

사실 자유주의와 민주주의에 대한 정의를 내리는 것은 어렵지 않지만, 내려진 정의가 실제로 구현되는가 하는 것은 별도의 문제입니다.

자유민주주의의 정의에 대해서는 그 오랜 역사에 걸맞게 견해가 다양하며 정의하는 사람들마다 차이가 있습니다. 그러나 시민 개개인에게 신념의 자유, 표현의 자유, 출판의 자유, 결사의 자유, 집회의 자유, 청원의 자유 등이 보장되어야 한다는 것은 누구도 부인하지 못합니다.

우리 헌법은 제21조에서 언론, 출판의 자유와 집회, 결사의 자유를 가진다고 규정함으로써 대한민국이 자유민주주의 국가임을 천명하고 있습니다. 이런 글을 쓸 수 있는 것도 헌법이 보장하는 언론의 자유에 근거한 것입니다.

언론의 자유에 대한 사전적 정의는 "언론·출판의 자유는 개인의 의견이나 사상을 외부에 발표하는 자유이며, 양자는 그 표현하는 수단에서 차이가 있을 뿐이다. 역사적으로 처음에는 언론이 중요한 수단이었으나, 인쇄술의 발달에 의하여 출판이 사상표현의 중요한 방법이 되었다."라고 설명되어 있습니다.

다양한 사상과 이념을 자유롭게 표현할 수 있는 것이 자유민주주의 사회의 핵심 조건이며, 사상이나 신념을 자유롭게 표현할 수 없다면 자유민주주의 사회라고 할 수 없다는 것을 알 수 있습니다.

그런데 우리사회에서 사상이나 신념을 자유롭게 표현할 수 있다고 생각하십니까? 어떤 면에서는 자유롭고, 또 어떤 면에서는 전혀 자유롭지 못합니다. 자유로운 면은 논외로 하고 여기서는 자유롭지 못한 면을 언급하겠습니다.

언론의 자유를 억압하는 독소 조항을 가지고 있는 대표적인 법이 국가보안법이므로 국가보안법의 문제 조항을 살펴보겠습니다.

> 국가보안법 제7조
> ① 국가의 존립·안전이나 자유민주적 기본질서를 위태롭게 한다는 정을 알면서도 반국가단체나 그 구성원 또는 그 지령을 받은 자의 활동을 찬양·고무·선전 또는 이에 동조하거나 국가변란을 선전·선동한 자는 7년 이하의 징역에 처한다.

이 법에서 말하는 반국가단체란 대한민국정부를 참칭하는 단체이므로 북한 정권을 지칭합니다. 그러므로 반국가 단체의 구성원은 김정일을 비롯한 북한 정권 담당자들이라고 할 수 있습니다. 즉, 김정일 또는 북한 정권의 활동에 대하여 동감을 표시하거나, 정책에 좋은 점이 있다고 칭찬하거나, 그런 생각을 다른 사람에게 말하면 7년 동안 징역을 살 수도 있다는 것입니다.

"국가의 존립·안전이나 자유민주적 기본 질서를 위태롭게 한다는 점을 알면서도"라는 조건이 있어 법의 남용을 방지하는 것 같아 보이지만, 그 개념이 지나치게 추상적이고 넓어서 사법당국의 자의적 판단에 따라 법을 적용할 수 있다는 문제점이 있습니다.

혹시 김정일이 연설을 통해서 "남조선 인민 여러분! 여러분이 속한 직장에서 열심히 일하고, 부모에게 효도하십시오."라고 말하는 것을 들으셨다면, "저런 미친놈이 있나! 일은 뭐 하러 열심히 하고, 효도는 무슨 얼어 죽을 효도야!"라고 비난부터 하셔야 합니다. "아! 참 옳은 말이야!"라고 칭찬하거나, "자네도 들었나? 김정일이 참 좋은 말을 했어."라고 다른 사람에게 전파한다면 국가보안법에서 금지하는 찬양·고무죄를 구성하게 되니 말입니다.

그리고 이 법에서 자유민주적 기본질서를 언급한 부분은 참으로 역설적이라고 할 수 있습니다. 자유민주적 기본질서란 자유로운 생각의 제시로부터 출발합니다. 어떤 사람이 자신의 생각(사상 또는 정책)을 국민에게 제시하고 전파하여 많은 국민들의 지지를 받는 경우, 그 생각이 정책으로 실현될 수 있다는 것이 자유민주적 기본질서의 과정이며, 그러기 위해서는 생각한 것의 자유로운 표현 및 전파가 자유민주주의의 핵심적 개념입니다. 그런데 이 조항은 생각의 자유로운 제시나 전파를 금지함으로써 자유민주적 기본질서 자체를 부정하고 있습니다.

찬양·고무죄의 가장 큰 문제점은 마음속의 생각을 표현하는 것만으로도 범죄를 구성하는데 있습니다. 생각을 표현하는 것이 범죄를 구성하려면 상대방에게 해악을 고지하여 겁을 주거나(협박), 다른 사람들에게 사실이든 아니든 부끄러운 내용을 전파하여 창피를 주는(명예훼손) 등의 피해를 발생시키는 경우에 한정합니다.

잘했다고 칭찬해서 형사적으로 처벌하는 경우는 없습니다. 우리사회에서 일부 인사들이 일제의 식민 지배를 정당화하고 친일파들을 미화하는 경우를 볼 수 있습니다. 많은 시민들이 그런 사람들을 비난하지만 형사적으로 처벌해야 된다고는 주장하지 않습니다. 그 이유는 아무리 잘못된 것일지라도 생각을 처벌해서는 안 되기 때문입니다.

그리고 언론의 자유는 가장 핵심적인 자유이기 때문에 그것이 보장되지 않으면, 더 이상 자유민주주의 국가라고 말할 수 없습니다. 국가보안법이 특정한 생각에 대하여 말할 수 있는 자유를 박탈하고 있으므로, 우리나라가 비자유민주주의(?)라면 모를까 자유민주주의 국가라고 말하기에는 한참이나 부족하다는 말이 됩니다.

어떤 사람들은 주체사상이나 북한을 찬양하는 것 이외에는 자유로우니까 자유민주주의 국가라고 할 수 있다고 주장하기도 하지만 그것은 말장난에 불과합니다. 국가가 지정하여 금지한 사상 이외에는 얼마든지 논할 수 있어서 자유민주주의 국가가 될 수 있다면, 북한도 자유민주주의 국가이고, 나치 독일도 자유민주주의 국가 반열에 오를 수 있습니다. 권력자가 싫어하는 생각 이외에는 얼마든지 언론의 자유가 있으니까 말입니다.

대한민국이 자유민주주의 국가로서 결함이 있다는 주장에 불편하실지 모르지만, 국가보안법의 독소조항이 폐지되어 유보되었던 자유가 회복될 때까지는 자유민주주의라는 개념이 실천되고 있다고 할 수 없을 것입니다.

국가보안법의 독소조항을 문제 삼는 사람들마다 좌파나 빨갱이로 몰려 왔다는 것을 저도 잘 알고 있습니다. 그러므로 저에게도 그러한 비난이 쏟아질지도 모르겠습니다. 저를 좌파나 빨갱이로 비난하실 분들에게 위안이 될지는 모르겠지만, 이 글은 어떤 정파를 지지하거나 사상적 색채를 표현하려고 쓰인 것이 아닙니다. 자유민주주의 국가라는 정체성을 가지고 있으면서도 법적으로, 혹은 제도적으로 자유가 존재하지 않는 부분에 대한 성찰 정도로 보시기 바랍니다.

저의 사상은 다음과 같습니다. 저는 대한민국의 영역 내에서 자유민주주의가 실제로 국민 생활 가운데 실천되는 것을 강력히 지지하는 국가관을 가지고 있습니다. 우리와 군사적으로 대치하고 있는 북한 정권이 주민들을 정치적 자유와 권리를 박탈하고 수많은 사람들을 강제수용소에 가두어 핍박하고 있는 조폭 수준의 정권이라는 점에 동의합니다. 또한, 북한 주민에게 정치, 경제, 종교, 언론 등 모든 영역에서 자유가 즉각적으로 보장되어야 한다고 믿습니다.

그럴 가능성은 거의 없지만, 만약 김정일 정권이 전쟁을 일으킨다면, 저는 자유민주주의를 지키기 위해서 주저 없이 김정일 정권과 맞서 싸울 것입니다. 저의 가족이나 후손들이 유신정권보다도 더 잔혹한 정권의 치하에서 살게 할 수는 없기 때문입니다.

제가 북한 정권을 혐오하면서도 김정일의 말을 지지하거나 고무하는 행위에 대해 벌하는 것을 반대하는 것은 그렇게 해야 자유민주주의의 조건을 충족하기 때문입니다. 내가 싫어하는 생각도 자유롭게 논할 수 있도록 하는 것이 자유민주주의입니다.

국가보안법의 찬양·고무죄를 폐지할 경우 발생되는 부작용을 우려하는 사람들도 많습니다. 광화문 네거리에서 "김정일 장군님 만세"를 부르는 사람이 있어도 그냥 놔둬야 하고, 인터넷에 김정일의 팬 카페가 생겨도 그냥 놔둬야 된다고 염려합니다.

하지만 김정일 독재를 찬양하는 소수의 정신 나간 사람들이 있다고 해도 모든 사상을 표현할 수 있는 자유를 보장함으로써 얻어지는 자유민주주의의 튼튼함을 위협하지는 못할 것입니다.

만약 북한 정권이 정말 괜찮은 정책을 제안하여 남한 국민들 다수의 지지를 받는다면, 남한 정부는 국민들의 여론을 수렴하여 그러한 북한의 제안을 정책에 반영하는 것이 옳습니다.

남한 국민의 다수에게 호응받을 수 있는 정책을 제안하고 있다면, 북한 정권은 지금과는 전혀 다른 개방적이고 민주적인 정권이 되어 있을 것입니다. "김정일이나 북한 정권을 칭찬하는 놈은 단 한 놈이라도 없어야 한다."라는 강박관념에 사로잡히기보다는 어떻게 하면 국민의 자유와 인권을 보장하면서 풍요로운 삶의 기회를 제공할까 하는 염려를 하는 것이 더 유익할 것입니다.

영국의 사상가이며 경제학자였던 존 스튜어트 밀(John Stuart Mill, 1806~1873)은 여러 가지 정치경제학 저서를 남겼습니다. 그 중에서도 『자유론』은 자유주의 정치이론을 대표하는 고전으로 꼽힙니다. 밀의 『자유론』은 영국을 비롯한 서구사회가 자유민주주의를 형성하는데 큰 영향을 주었으며, 사상과 언론의 자유는 민주주의 사회의 상징이 되었습니다.

밀이 『자유론』에서 주장하는 핵심적 개념은 대체로 다음과 같이 요약될 수 있습니다. 첫째 틀렸다거나 해롭다는 이유로 의견의 표명을 가로막으면 안 된다. 둘째 표현의 자유를 일부만 제한하게 되면 곧 모든 표현의 자유가 제한되고 만다. 셋째 표현의 자유가 무제한 허용되어야 사회는 진보할 수 있다. 마지막으로 표현하는 내용에는 제한이 없어야 하지만, 표현하는 방식에는 제한이 필요할 수 있다는 것이다. 이에 견주어 우리 사회의 표현의 자유의 수준을 가늠할 수 있습니다.

우리사회는 흔히 모든 표현의 자유를 허락할 경우 북한의 대남공작 기관에서 교묘한 술책과 선전으로 남한 국민의 마음을 사로잡을 수도 있다고 염려하는 사람들도 있습니다. 그런 염려를 반영하듯이 과거에 학생들이 받았던 반공 교육은 북한의 선전활동에 대응하여 김일성 정권을 부정적으로 인식하도록 가르치는 것이 주를 이루었습니다.

하지만 자라나는 아이들에게 북한 정권이 무조건 나쁘다고 가르치는 것보다는 인간의 자유와 권리, 그리고 생명의 존엄함을 존중하는 것이 미덕이라는 것과 사회적 편견이나 차별이 가져오는 해악을 가르치는 것이 더 중요합니다.

그들이 주변에서 일어나는 일을 비판적으로 검토하고 건전한 판단력으로 합리적 결론을 내릴 수 있도록 도와준다면, 북한 정권과 같은 사회주의 독재체제뿐만 아니라 남한에서 존재했던 군사독재와 권위주의의 해악도 분별해 내는 시민으로 성장할 것입니다.

이러한 시민들이 모인 사회에서는 사상과 표현의 자유를 보장하더라도 불의한 사상이 다수의 지지를 받는 상황은 발생하지 않을 것입니다.

그런데 우리사회에서는 북한 정권과 관련된 부분에서만 표현의 자유가 억압되는 것은 아닙니다. 북한과 관련하여 다른 생각을 받아들이지 못하는 사람이라면, 다른 문제에 있어서도 자신의 생각과 다른 생각을 용인하기 어렵습니다.

일례로 미국산 쇠고기의 수입에 대하여 비판적으로 방송한 'PD수첩'의 내용이나, 배우 김민선 씨가 자신의 미니홈피에 "광우병이 득실거리는 소를 뼈째 수입하느니 청산가리를 입안에 털어 넣는 편이 낫다."라는 글을 올린 것은 방송을 보거나 게시물을 읽는 사람들이 스스로 판단해서 받아들일지 배척

할 지를 선택할 수 있는 상황이라고 할 수 있습니다.

그러므로 방송에 오류가 있거나, 연예인의 발언이 틀린 것이라면, 그 방송이나 발언의 허구성을 지적하고 미국산 쇠고기 수입의 정당성을 논리적으로 전개함으로써, PD수첩이나 김민선 씨의 주장이 옳지 않다는 공론을 이끌어 낼 수 있는 것입니다.

PD수첩이 공무원 개인에 대한 명예를 훼손한 것이 아니라 정책을 비판한 것임에도 제작자를 형사법정에 세우고, 김민선 씨가 특정 쇠고기 수입업체를 비난한 것이 아니라 미국산 쇠고기가 싫다고 표현한 것임에도 막대한 민사소송을 제기한 것은, 자신들의 마음에 들지 않는 말을 하면 어떻게 되는지 본보기를 보여서 표현의 자유를 억압하고자 하는 시도라고 할 수 있습니다.

이렇게 표현의 자유를 억압하는 일이 아무렇지 않게 행해지고 어느 정도라도 성공을 거둔다면, 우리사회에서 자유민주주의의 가치는 실현되기 어렵습니다.

3. 법치주의와 기강

    인류에게 있어서 고등종교의 시작은 고대문명의 탄생과도 밀접한 관련을 가지고 있습니다. 인구가 밀집한 곳에서 영적인 진리를 추구하는 사람들이 신의 가르침을 전파하였고, 많은 사람들로부터 공감 받는 종교는 수렵?채집 시대의 그것과는 달랐습니다. 단순히 액운을 피하고 풍요를 비는 수렵채집 시대의 종교의식에서 벗어나 자신을 절제하고 이웃에게 사랑을 베풀며 신의 뜻에 따라 자신을 낮추어 사는 차원 높은 종교가 나타나 많은 사람들이 믿게 된 것입니다.

그런데 역사상 존재한 모든 국가의 지배계급은 특정 종교의 가르침을 자신들의 지배를 정당화하는 이론으로 사용하였으며, 종교적 가르침의 내용을 법제화하여 백성들을 통제하는데 이용해 왔습니다.

예를 들자면 과거 유럽의 왕조국가에서는 기독교를 통치이념으로 사용하면서 왕권신수설을 주장하였는데, 하나님께서 왕을 세우신 것으로 믿게 하여 백성들의 자발적 복종을 이끌어 냈습니다. 불교국가에서는 왕을 살아있는 부처로 추앙하게 하거나, 전생에서 쌓은 업에 따라서 현세의 신분이 결정되었다며 신분적 지배구조를 당연히 받아들이는데 윤회설을 이용했습니다. 유교국가인 조선은 삼강오륜에 기초한 충?효 사상을 강조했습니다. 충신은 두 임금을 섬기지 않는다는 가르침을 최고의 선으로 여겼고, 왕으로부터 사약을 받은 관리가 왕궁 방향으로 절을 하고, 왕의 강녕을 빈 다음 사약을 마셨다는 이야기도 전해집니다. 사회 구성원이 옳다고 여길만한 사상을 지배이론에 접목시켜 가르침으로써 피지배계급의 자발적 복종을 이끌어 낸 것입니다.

이런 지배이론은 왕권에 국한되는 것이 아니라 귀족과 평민, 천민, 노예로 이어지는 신분제를 정당화하는 논리가 되었습니다. "토기장이가 귀히 쓸 그릇과 천히 쓸 그릇을 구별하여 만들 권한이 있다."라는 성경 말씀은 귀족과 천민의 신분차이를 정당한 것으로 왜곡하는데 사용되었고, "종이 주인에게 순종해야 한다."라는 구절은 노예제도를 정당화하는데 이용되었습니다. 이런 논리에 맞설 지식도 없었고, 주류신앙을 부정할 수도 없었던 봉건시대 천민과 노예들은 자신의 신분을 신의 뜻으로 받아들일 수밖에 없었습니다.

봉건시대의 지배계급이 종교적 가르침을 왜곡하여 백성들을 억압하고 수탈하는 지배이론으로 사용하였듯이 현대사회에도 소수의 지배계급이 자신들의 지배를 정당화하는 이론들을 가지고 있습니다.

공산국가에서는 프롤레타리아 독재를 내세우며 일당독재를 정당화하였습니다. 북한은 주체사상을 통치이념으로 사용하고 있는데, 주체사상의 영도하에 모든 인민이 100% 투표하여 100% 찬성했다는 만화 같은 투표결과를 진지하게 발표하는 북한의 방송인을 보면 안쓰럽기까지 합니다.

그런데 우리사회에도 봉건시대의 '왕권신수설'이나 북한의 '주체사상'과 비슷한 지배이론이 있다면 믿으시겠습니까? 지배이론은 백성들 대부분이 기꺼이 받아들여 내면화함으로써 그 이론에 대하여 거부할 수 없을 때 효력을 발휘합니다. 그런 점에서 볼 때 우리사회에서는 '법치주의'를 가장 중요한 지배이론으로 꼽을 수 있습니다.

한때 경찰에 몸담았던 신분으로 법치주의를 문제 삼고 나선다면 엄청난 비난이 쏟아질 수 있겠지만, 어떤 주의나 주장도 비판에서 자유로울 수 없다는 자유민주주의적 신념과 헌법이 보장하는 언론의 자유를 무기로 우리식의 법치주의에 대해 딴죽을 걸어 보겠습니다.

전제군주시대에는 왕의 말이 법이었고, 국민의 권리는 법으로 보장되지 못했습니다. 법을 집행한다는 것은 왕의 뜻을 집행하는 것이며 법치라는 말보다는 통치라는 말을 사용했습니다.

그런데 1776년 미국이 건국되는 것을 시초로 근대적 의미의 공화제 나라들이 지구상에 등장합니다. 그때까지와는 달리 왕이 없이 국민이 대통령을 선출하여 나라를 이끌어 가도록 하기 시작한 것입니다. 왕이 전제적 권력을 사용하여 국민들을 통치하였다면, 국민들의 투표로 선출된 대통령이나 내각의 수반은 법을 집행함으로써 나라를 통제할 수 있습니다.

사실 법치주의는 모든 사람이 법 앞에서 평등하게 대우받게 하고, 범법자라고 해도 법에서 정한 처벌만 받도록 보장함으로써, 국민들이 안정적이고 예측 가능한 삶을 살 수 있게 해주는 좋은 제도입니다. 그때그때 권력자의 마음에 따라서 통치하는 것에서 벗어나 여러 정파가 합의하여 만든 법률에 따라서 국가를 통제한다는 점에서 법치주의가 옳다는데 누구도 반론을 제기하지 않습니다.

왕에게 권력이 집중된 국가에서는 왕의 명령에 의해 통제가 이루어지지만, 국민 모두가 주권자인 민주국가에서는 충돌하는 다양한 정치적 이해를 통제하는 새로운 수단이 필요합니다. 이런 정치적 이해를 조정하여 도출한 결과가 법이고, 그러한 법을 집행하는 법치주의는 민주주의를 지탱하는 바탕이 됩니다. 그러므로 민주주의가 지속하는 한 법치주의의 중요성은 줄어들지 않을 것입니다.

하지만 유럽의 봉건왕조가 이웃 사랑이라는 성경의 전체적 뜻을 자신들의 지배이론으로 만든 것이 아니라, 일부의 구절을 왜곡하거나, 과장하여 가르침으로써 피지배계급의 자발적 복종을 이끌어 냈다는 점에 주목할 필요가 있습니다.

법치주의 역시 법령 전체가 소수 지배계급의 전제적 지배에 악용되는 것이 아니라 몇 가지 문제되는 법을 집행할 때 지배이론으로 악용되는 것입니다. 법치주의를 악용하려는 권력자들은 국민들을 상대로 "요즘 법질서를 문란케 하는 사람들이 있는데, 앞으로는 법과 원칙에 따라서 엄정하게 처리하겠다."

라는 표현을 자주 합니다.

　이 말은 그동안 강도범이나 절도범에 대해서 처벌을 하지 않았지만, 이제부터는 법에 따라서 처벌하는 것을 고려하겠다는 말이 아닙니다. 사실 절도범이나 강도범들은 어느 시대를 막론하고 엄격하게 처벌되어왔고 앞으로도 그럴 것이니 새삼 강조할 일도 아닙니다. 법을 엄정하게 집행하겠다며 법치주의를 강조한다면, 그것은 집권자의 정책에 반대하거나, 비위를 거스르는 사람들을 가만두지 않겠다는 협박일 뿐입니다. 그런데 이런 협박의 근거에는 항상 악법이 자리를 잡고 있었습니다.

　박정희 정권이 법치주의를 표방했을 때에는 개헌을 주장하는 야당 정치인이나 학생들이 '긴급조치' 등의 악법에 따라서 감옥에 보내졌고, 히틀러가 법치주의를 강조한 후에는 '민족과 국가의 보호를 위한 제국 대통령령' 등의 악법에 따라서 유태인들이 게토에 갇히거나 강제수용소에 보내졌음을 기억해야 합니다.

　박정희 정권시절 민청학련사건으로 체포된 사람들이 법에

따라서 재판을 받았고, 판결에 의해 유죄가 확정되어 처형되었지만, 그것을 사법살인이라고 부르지 법치주의의 실천이라고 말하지 않습니다.

그러므로 국민의 자유와 권리를 제한하는 악법이 폐지되고, 다양한 정치적 이해를 반영하는 자유민주주의적 법률체계를 갖추었을 때에 비로소 법치주의는 독재 권력의 지배이론이 아닌 민주주의를 지탱하는 기둥이 될 수 있습니다.

국가의 지도자가 독재자인지 아닌지를 구분하는 간단한 기준이 있습니다. 지도자가 국민들에게 '법치주의'를 유난히 강조한다면 그는 독재성향이 짙다고 할 수 있습니다. 또한 집권자가 법치주의를 강조한다면, 그 나라에 반민주적 악법이 상당수 존재한다는 반증이기도 합니다.

우리는 기강이라는 단어에 익숙합니다. '공직 기강 확립'이라거나, "공무원의 기강이 해이해졌다"라는 말들을 많이 들어왔습니다. 그런데 봉건왕조가 아닌 자유민주주의 국가에서 기강이라는 단어를 쓰는 것이 옳은지 생각해 보지 않을 수 없습니다.

기강이라는 단어는 벼리 기(紀)와 벼리 강(綱)으로 구성되어 있는데, 벼리란 그물의 가장자리에 꿰어져 있는 줄을 말합니다. 어부가 벼릿줄을 당기면 그물이 오므려지고 벼릿줄을 놓으면 그물이 펴집니다. 옛날 사람들이 권력자인 왕이나 수령의 말 한마디에 일사불란하게 움직이는 관리들을 보았고, 그것이 마치 어부가 벼리를 당기거나 놓음에 따라 그물이 줄어들거나 펴지는 것과 같아서 권력자의 말에 토 달지 않고 복종하는 관리들의 태도를 기강이라고 불렀습니다.

왕이 누구를 잡아들이라고 말하면 관리들은 냉큼 잡아다 대령했고, 세금을 더 걷으라고 말하면 백성들의 곳간을 가차 없이 뒤져서 곡식을 거두어 갔습니다. 왕에게 무슨 죄로 잡아들여야 하는지, 세금이 너무 가혹한 것은 아닌지 의문을 표시했다가는 목이 달아날지도 모르는 일이었습니다. 관리들의 기강이 해이해져서 왕의 말을 잘 듣지 않는다면, 그 왕조는 무너지고 맙니다. 그래서 권력자들은 관리들의 기강을 확립하는데 온 힘을 기울였습니다. 관리들 역시 왕을 국가의 주인으로 생각했고, 백성은 왕이 다스리는 대상이라고 여겼으므로 기강이 해이된 관리는 상상할 수 없었습니다.

기강이 집권자의 말에 절대 복종하는 관리들의 태도라는 점에서, 첩의 자손을 차별하는 '서얼차대' 나, 여자의 예속적 삶을 덕으로 여기는 '삼종지도' 와 마찬가지로 봉건적 가치를 대변하는 단어임을 알아야 합니다.

얼마 전 미네르바라는 필명을 가진 인터넷 논객이 체포되었을 때 일부 언론에서 "공고와 전문대를 나온 가짜에 놀아났다."라고 보도하자, 많은 사람들이 언론의 얄팍한 학벌주의를 비난한 적이 있습니다.

만약 어느 언론사에서 정치인의 이력을 거론하며 "조상 중에서 서얼(庶孼)이 있다."라는 천박한 보도를 했다가는 독자들의 비난으로 언론사의 문을 닫아야 할지도 모릅니다. 또한, 여성 정치인이나 사회운동가를 비난하면서 "삼종지도(三從之道)

의 덕을 따르지 않는다."라는 보도를 했다가는 여성계를 비롯한 많은 국민들로부터 지탄을 받고 당사자로부터 소송에 휘말릴 것입니다.

그러나 언론에서 "공무원의 기강 해이가 심하다."라는 기사를 써도 별다른 문제가 되지 않는 것은 이 단어가 가진 해악을 가늠하지 못하기 때문입니다.

독재정권 시절에 공무원은 법과 규정보다는 상관의 지시에 더 충실했습니다. 독재자는 공무원의 기강을 바로잡은 후에야 독재를 펼 수 있었습니다. 쿠데타를 성공시키기 위해서는 법보다는 상관의 말에 무조건 따르는 군인의 기강이 필수적입니다. 재야인사를 고문해서 간첩을 만드는 일에도 규정보다는 상사의 지시를 우선하는 기강이 확립된 수사관이 꼭 필요합니다.

정치적 반대자를 구속하거나 처형할 때에도 헌법 정신보다는 집권자의 의지에 따라서 일사불란하게 움직이는 검사와 판사들이 있었습니다.

이 같은 예로 볼 때 기강은 공무원을 권력자의 사병으로 만드는 봉건적 개념으로, 민주주의와는 양립할 수 없고 국민의 이익과는 거리가 있는 개념입니다.

　기강이라는 개념에 벼릿줄을 잡고 있는 어부를 포함시킬 수 없듯이 기강 확립이라는 말에 권력자는 제외될 수밖에 없으며, 지시를 따라야 하는 하위직 관리들에게만 해당되는 말입니다.

　공무원들의 엄정한 근무 자세를 표현하면서도 민주주의와 어울릴 수 있는 단어로는 법령이나 규정에 따른다는 뜻을 지닌 '규율'을 들 수 있을 것입니다. 기강이 윗분들이야 어떻든 아랫것들이나 잘하라는 개념인 것과는 달리 법과 규정을 엄격히 따른다는 것에는 공무원을 지휘하는 수장도 예외를 두지 않기 때문입니다.

　자유민주주의 국가에서는 공무원들이 법과 규정에 따라서 업무를 집행합니다. 세금을 더 걷을 필요가 있다면, 공무원에게 말로써 지시나 명령을 하는 것이 아니라 세법을 고쳐야 합니다. 공무원들이 법과 규정에 따라서 세금을 걷고, 증명서를 발급하고, 범법자를 체포하고, 생활보호 대상자에게 수당을 지급하므로, 과거 전제군주시절의 관리들에게 하듯이 기강을 요구할 일이 없어졌습니다.

각급 기관장들이 공무원을 지휘하는 위치에 있다고 해도 법과 규정에 어긋나는 지시를 내려서는 안 됩니다. 기관장들의 역할은 휘하 공무원들이 법과 규정에 따라서 업무를 집행하는지 감독하고 문제점이 있을 경우 법과 규정에 따르도록 지휘하는 것입니다. 공무원이 법을 어겼다면 위법한 행위이므로, 독직이나 오직으로 징계할 일이지 지휘관의 말에 따르지 않아 기강이 해이해졌다고 비난할 일이 아닙니다.

법과 규정을 잘 지키는 것을 기강이라고 보면 문제될 것이 없다고 주장하실지 모르지만, 2007년에 있었던 황운하 총경에 대한 징계사태를 보면 그렇지 않음을 알 수 있습니다. 당시에 한화그룹 회장의 폭력사건과 관련하여 경찰이 은폐를 기도한 정황이 드러났고, 경찰청장도 청탁을 받았을 것으로 의심을 받았습니다. 경찰청장은 고교 동창인 한화증권 고문과 대화도 나눈 적이 없다고 말했다가 골프를 친 사실이 드러났습니다. 또한 경찰청장이 은폐의혹 사건을 검찰에 수사 의뢰하여 경찰 내부적으로 큰 반발을 샀습니다.

이런 과정에 황운하 총경이 "경찰청장이 책임지고 퇴진해야 한다."라는 취지의 글을 경찰청 홈페이지의 경찰관 전용방에 올린 것입니다. 조선시대에도 상관에 대한 탄핵상소가 있었던 것을 감안하면 민주국가에서 문제될 정도의 표현이 아니었으나, 청와대는 언론을 통해서 "경찰청장의 거취보다 경찰의 기강을 염려한다."라는 입장을 발표했고, 경찰청에서는 황운하 총경이 경찰기강을 문란케 하였다는 이유로 징계하였습니다.

인간인 이상 경찰청장이라고 해도 잘못된 결정을 내릴 수 있으며, 상황에 따라서 책임져야 할 일이 생길 수 있습니다. 그런데 상급자의 잘못된 행위를 하급자가 비판하였다고 처벌한다면 최상위 직급 공무원의 실수는 바로잡기 어려울 것입니다.

황운하 총경에게 다른 비위 사실이 없었고, 그의 글이 대다수 경찰관들로부터 지지를 받았던 것을 감안하면, 여기에서 말하는 기강 문란이란 '경찰청장의 심기를 불편케 한 것'이라고 이해할 수 있으며, "앞으로 경찰청장이 어떤 부적절한 행동을 하더라도 입 다물어라."라는 메시지였습니다.

자유민주주의가 뿌리 내린 국가에서는 공무원에게 기강을 요구하지 않으며, 법령이나 규정에 따라서 업무를 집행하도록 요구할 뿐입니다. 공무원을 지휘하는 위치에 있는 사람들은 법령과 규정이 헌법 정신에 부합하는지를 살피고, 문제가 발견된다면 법령이나 규정을 고쳐서 공무원들이 올바른 업무를 수행할 수 있도록 노력해야 합니다.

앞으로 공무원 조직의 기강을 강조하는 권력자가 있다면, 그의 반민주적 사고방식을 비판하고, 공무원 조직을 권력의 사유물로 삼으려는 시도를 견제하는 논평이 쏟아지기를 기대합니다. 그렇게 된다면 봉건적 지배질서를 유지하기 위한 기강이라는 단어가 자유민주국가인 대한민국에서 더 이상 발붙이지 못하게 될 것입니다.

4. 악법과 민주주의

제가 이륜차의 권리회복을 위해서 도로교통법을 위반하였을 때, 많은 사람들이 "악법도 법이니 고칠 때까지는 지켜야 한다."라며 저의 행동을 비판하였습니다.

단순히 법치주의만 생각한다면 그런 생각을 가진 사람들을 이해 할 수 있지만, 그런 논리가 악법을 국민에게 강요하는 수단으로 이용될 수 있다는 점을 간과해서는 안 됩니다.

기득권을 가진 사람들은 "악법도 법이다."라는 말을 위대한 철학자 소크라테스가 했다는 사실을 부각하며, 법이 부당하게 생각되더라도 지키라고 강요해 왔습니다. 어떤 사람들은 소크라테스가 그런 말을 한 것이 아니라 후세의 정치가가 꾸며낸 말이라고 주장하기도 합니다.

"악법도 법이다"라는 말이 소크라테스의 말인지 후대의 독재자가 만든 말인지는 모르겠지만, 그 말이 소크라테스가 가졌던 철학을 가장 잘 표현하는 말이라는 점은 분명합니다.

소크라테스는 국가가 정한 신을 믿지 않고, 그리스 젊은이들에게 위험한 사상을 전파했다는 이유로 고발되어 재판을 받고 사형에 처해졌습니다.

요즘으로 말한다면 국가보안법 위반 사건에 비유할 수 있습니다. 원로원에서는 소크라테스에게 앞으로 자숙하겠다고 약속하면 석방하겠다는 제의를 했지만, 소크라테스는 자신이 철학을 하는 것은 신의 명령이라며 단호히 거부합니다. 결국 사형을 당할 위기에 처하여 그를 도우려는 사람들이 탈옥을 권유했지만, 악법도 법이라며 탈옥하지 않았다는 것입니다.

그는 친구에게 아스클레피오스에게 닭을 빚졌다며 대신 갚아 달라고 부탁하고 독배를 마셨습니다. 소크라테스는 악법을 지키지 않아서 기소되었으며, 악법을 지키겠다고 약속하면 석방될 수도 있었습니다. 그러나 석방되더라도 악법을 지키지 않을 것이라는 단호한 입장을 취함으로써 사형이 집행되었음을 알 수 있습니다.

소크라테스는 악법을 지킴으로써 얻을 수 있는 삶을 추구하지 않았으며, 악법을 거부하고 그에 따른 사형을 받아들였습니다. "악법도 법이다."라는 말을 소크라테스가 했다면, 악법으로 사형을 당하는 한이 있어도 지키지 않겠다는 그의 확고한 신념을 잘 대변하는 것입니다. 그런 점에서 볼 때, "악법도 법이다."라는 말은 아무나 할 수 있는 말이 아닙니다. 악법에 의해서 처벌을 받더라도 절대로 지키지 않겠다는 각오가 있어야 할 수 있는 말입니다. "악법이긴 하지만 어기면 처벌을 받게 되니 지키는 편이 낫다."라고 생각하는 용기 없는 사람들이 함부로 입에 올릴 격언이 아닙니다.

　악법 이야기가 나왔으니 우리사회에서 민주주의를 지연시키는 대표적인 악법 중에 하나인 '집회 및 시위에 관한 법률(이하 집시법)'에 대해서 생각해 보겠습니다. 그동안 집시법에 대해 많은 논란이 있어 왔습니다. 집회가 헌법이 보장하는 국민의 기본권이므로 충분히 보장되는 방향으로 고쳐야 한다는 주장도 있고, 지나친 집회나 시위는 사회혼란을 야기하므로 어느 정도 제한해야 한다는 주장도 있습니다.

　그런데 집회나 시위를 보는 시각에도 '남이 하면 불륜인데 내가 하면 사랑'이 되는 공식이 적용되곤 합니다. 다른 사람들의 집회나 시위로 교통이 불편할 때는 집회에 대하여 비난하지만, 자신의 동네에 혐오시설이 들어선다면 머리띠를 두른 채 도로를 점거하는 시위를 벌이기도 하는 것이 일반적인 현상입니다. 그러므로 어떤 단체의 집회는 허용하고, 어떤 단체의 시위는 하지 말라고 할 수는 없는 일입니다.

집회나 시위를 자유롭게 할 수 있는 권리를 보장하지 않으면서도 민주주의 국가라는 호칭을 얻은 나라는 없습니다.

박정희 정권은 북한의 만행을 규탄하는 집회에는 공무원과 학생들까지 동원하여 강제로 시위를 하도록 했지만, 유신체제를 반대하는 집회는 강경하게 탄압하여 독재정권이라는 칭호를 얻었습니다.

전두환 정권은 직선제 개헌을 요구하는 집회에 최루탄으로 대응하였고, 서울 시내가 화염병과 돌, 최루탄이 난무하는 최악의 상황을 만들었습니다. 당시에는 최루탄을 쏘니까 돌을 던진다는 시위대의 주장(無彈無石)과 돌을 던지니까 최루탄을 쏜다는 진압 경찰의 주장(無石無彈)이 팽팽히 맞섰습니다.

1987년 6월항쟁으로 대통령 직선제가 회복되었고, 평화로운 정권교체의 경험이 있음에도 건전한 시위 문화가 정착되지 못하고 있는 것은 현재 시행중인 집시법이 헌법 정신을 반영하지 못하고, 국민의 자유와 권리를 지나치게 제한하려 하기 때문입니다.

집시법에는 몇 가지 중대한 권리 침해요소가 존재하는데, 첫째로는 48시간 전에 사전 신고의무(집시법 제6조 1항) 조항, 둘째로는 야간집회 금지(집시법 제10조, 2010. 6.30.까지 시행) 조항, 셋째는 특정장소에 대한 집회 금지(집시법 제11조) 조항들입니다. 이 세 가지 조항은 아무리 집회가 평화롭게 진행되고 다른 사람의 통행에 방해가 되지 않는다고 해도 범죄로 규정하고 있습니다.

집회의 자유가 헌법으로 보장되는 이상 "모든 평화로운 집회는 합법이다."라는 전제를 가지고 출발해야 자유민주주의라 할 수 있습니다.

미국산 쇠고기 문제로 불거진 촛불집회를 예로 들자면, 자발적으로 모인 시민들이 평화로운 방법으로 질서 있게 집회를 진행하였으며, 처음에는 경찰도 집회를 막지 않았습니다. 그래서 참가자 대부분은 불법이 아닌 줄 알았지만, 애초에 신고하지 않고 야간에 집회를 한 것이므로 집시법 제6조와 제10조를 위반한 범죄행위였습니다.

또한 집시법 제11조를 보면 국회의사당, 각급법원, 헌법재판소, 대통령관저, 국회의장공관, 대법원장공관, 헌법재판소장공관, 국무총리공관 등의 경계지점으로부터 100m 이내의 장소에서 옥외집회 및 시위를 금지하고 있습니다.

그런데 집회 금지 장소의 면면을 보면 모두 국민의 소리에 귀를 기울여야 할 사람들이 있는 곳이고, 국민으로부터 가장 많은 보수를 받는 머슴들입니다. 그런데 이런 머슴들 앞에서는 평화로운 집회라고 해도 절대 해서는 안 된다는 것은 주인인 국민을 무시하는 법이라고 아니할 수 없습니다. "귀찮으니까 저 밖으로 썩 나가거라!"라는 꾸짖음으로 들린다고 해도 심한 말이 아닙니다.

텔레비전 뉴스를 통해서 미국의 대통령 관저 앞에서 평화롭게 시위를 하는 광경을 보신 적이 있으실 겁니다. 미국 대통령의 권위가 우리나라보다 못하기 때문에 그럴 수 있는 것이 아니라 우리나라의 권위주의가 미국보다 높기 때문일 것입니다.

국민들이 평화롭고 질서 있게 집회를 하는데 48시간 전에 신고하지 않았다고, 날이 어두웠다고, 특정한 관리 앞이라고 해서 범죄를 구성한다면 우리나라를 민주국가라고 부를 수 없습니다.

집회나 시위에 동원되는 경찰관들은 집회나 시위를 부정적으로 보는 경향이 강합니다. 집회가 없다면 동원되지 않을 것이니 그 심정을 이해하지 못하는 것은 아니지만, 평화로운 집회를 이런저런 구실을 들어 불법으로 규정하고 강제로 해산하려 하는 것이 시민들과 충돌하는 첫 번째 원인이며, 그것이 평화로운 시위문화 정착을 가로막아 왔다는 것을 알아야 합니다.

불법 폭력시위이기 때문에 강제해산이 필요하다는 주장과 부당하게 공권력을 사용하기 때문에 폭력 시위로 변한 것이라는 주장이 마치 닭이 먼저냐 달걀이 먼저냐는 식으로 되풀이되어 왔습니다. 그러나 국민이 주인이고 공권력은 국민이 위임해 준 권한임을 감안한다면, 공권력이 먼저 "모든 평화로운 집회는 헌법에 근거한 자유가 있다."라고 인정하고, 평화롭고 질서 있는 집회나 시위를 진행하는 한 강제로 해산하거나 체포하지 않는 정책을 추진할 필요가 있습니다.

(야간집회를 금지한 집시법 제10조에 대하여 헌법재판소는 2010년 6월30일까지 법률을 개정하라며 헌법불합치 결정을 내렸습니다. 그러나 국회에서 법률을 개정하지 못해 2010년 7월 1일부터 집시법 제10조의 효력은 상실되었습니다.

헌법불합치 결정은 "야간에 집회를 못하게 하는 것은 상관없는데, 일몰부터 일출까지는 너무 심하니 시간을 좀 조정하라"라는 헌법재판소의 주문이라고 할 수 있습니다.

그러나 국가의 주인인 국민은 사안에 따라서 밤을 새워서라도 자신들의 목소리를 낼 수 있어야 합니다. 국민들이 밤잠 안 자고 거리에 나섰다면, 그만큼 국가적으로 중요한 사안이므로 정치인들이 심각하게 해법을 고민해야 합니다.

비록 개정 시한을 넘겨 법률이 실효되었지만, 야간 집회를 금지하는 법이 권력자의 필요에 따라서 곧 되살아날 것이므로, 집시법 제10조를 현행법처럼 취급하였음을 양지바랍니다.)

그밖에도 현행 집시법에는 두 가지의 위헌적 요소가 더 있다고 할 수 있는데, 제5조 제1항 제2호에서 "집단적인 폭행, 협박, 손괴, 방화 등으로 공공의 안녕질서에 직접적인 위협을 끼칠 것이 명백한 집회"를 절대적으로 금지되는 집회에 포함시키고 있는 점입니다.

폭동이 일어나서 인명과 재산의 손실이 발생할 것이 예상된다면 사전에 폭동에 대한 대비를 할 수 있어야 한다는 주장은 그럴듯해 보입니다. 그러나 집회가 평화적으로 진행될 지 폭동으로 변할 지를 행정 관청에서 미리 판단하여 금지할 수 있는 권한을 주어서는 안 됩니다.

헌법을 보면 여타 자유는 단순히 열거하는데 그치지만 언론·출판의 자유와 집회·결사의 자유에 대하여는 "언론·출판에 대한 허가나 검열과 집회·결사에 대한 허가는 인정되지 아니 한다"라며 허가제의 금지를 재차 언급하고 있습니다. 헌법이 집회에 대한 사전 허가제를 금지함으로써 집회의 자유가 민주주의의 핵심 요소임을 밝히고 있음에도 불구하고 질서에 위협을 끼칠 것이라는 예언에 따라서 국민의 자유가 박탈되는 것이 헌법 정신과 부합될 수 없을 것입니다.

나머지 하나는 집시법 제12조에서 교통소통을 위해 집회를 금지할 수 있게 한 규정입니다. 대통령령이 정하는 주요 도시의 주요 도로에서의 집회에 대해 교통소통을 이유로 경찰서장이 집회를 금지할 수 있게 한 것입니다. 이런 법이 통과되었다는 것은 국회의원들이 직무를 제대로 수행하지 않았다는 것을 의미합니다. 국민의 기본권을 경찰서장이 임의로 제한할 수 있게 해버렸기 때문입니다.

이 조항을 폐지해야 하는 이유는 민주주의는 불편을 감수하는 제도이기 때문입니다. 국민의 다양한 목소리를 허용하는 민주주의는 편리한 제도가 아닙니다. 수많은 사람이 거리에 나와서 목소리를 높인다면, 그것으로 초래되는 불편을 감수하는 것이 민주주의입니다. 집회나 시위로 인한 교통의 불편을 견딜 수 없다면, 남한을 탈출하여 북한으로 가는 것이 올바른 판단입니다. 다양한 주장을 하는 집회나 정부를 반대하는 시위가 없어서 교통 불편이 없는 나라가 북한입니다.

북한과 같은 독재국가에서 사는 것보다 자유민주주의 국가에서 살기로 마음먹었다면, 교통의 불편을 이유로 민주주의의 기본 원칙을 막으려는 집시법 제12조는 폐지함이 마땅하다고 하겠습니다.

현행 집시법 제3조는 평화로운 집회 및 시위에 대한 방해를 금지하고 있습니다. 그러나 이런저런 집회금지 규정이 많아서 행정부가 마음만 먹으면 얼마든지 집회를 금지할 수 있고, 금지된 집회는 불법이라는 딱지를 붙여 기동대를 동원해 진압할 수 있으므로, 이 규정으로 처벌 받는 경우는 발생하지 않고 있습니다.

그러므로 앞에서 열거한 것과 같은 집회금지 규정을 모두 없애고 폭력이 수반되지 않는 한 모든 집회를 합법으로 규정해야 합니다.

그렇게 된다면 평화적으로 진행되는 집회에 지금처럼 '불법집회'라는 딱지를 붙일 수 없게 되고, 집회방해죄를 각오하면서까지 기동대를 동원하여 진압하지 못할 것입니다. 경찰관이 평화적 집회를 방해하면 가중처벌하는 규정이 있기 때문입니다.

제가 전직 경찰관임에도 이러한 주장을 하는 것은 그것이 국민들과 동원된 기동대원들 모두에게 이익이 되는 해법이기 때문입니다.

사전 신고 여부나 일몰 여부, 장소에 관계없이 평화적으로 진행 중인 집회나 시위를 강제로 진압하도록 명령한 사람을 집회방해죄로 처벌한다면, 공권력의 지휘관은 집회나 시위가 폭력화 되었으며, 시위대가 먼저 경찰을 공격하였다는 증거를 제시하여야 처벌을 면할 수 있을 것입니다.

그러한 증거를 확보할 수 없는 평화적 집회라면, 공권력을 사용한 강제 진압을 단념할 것입니다. 평화롭게 진행하는 한 집회를 방해받거나 체포될 염려가 없다면, 시위대는 폭력을 사용할 이유가 없어질 것이고, 공권력의 통제를 자신들에 대한 강제 진압의 시도가 아니라 질서유지를 위한 조치로 받아들이고 협조할 것입니다.

각목을 들고 시위에 참가했다가는 경찰의 강제진압을 유도하기 위한 프락치로 간주되어 시위대에 의해 경찰에 넘겨지는 상황도 벌어질 수 있습니다. 상황을 대비하는 경찰관들도 집회가 평화롭게 진행되어 시민들과 충돌할 염려가 없다면, 임무를 수행하는 심리적 부담이 줄어들 것입니다.

평화로운 집회가 얼마든지 보장되고 있음에도 폭력을 사용하는 시위대가 있다면, 공권력은 훨씬 더 강한 폭력을 사용하여 진압하는 것에 대하여 정당성을 인정받을 수 있습니다.

이것은 꿈이 아니라 이미 자유민주주의 국가에서 정착된 시위문화입니다. 우리가 그렇게 할 수 없는 것이 아니라, 법과 제도로 그렇게 하지 않는 것이 다를 뿐입니다.

무엇보다도 수많은 사람들이 거리에 나와서 목소리를 높인다면, 기동대로 쫓아내려 하기 보다는 그들의 주장에 귀를 기울이고 대화와 설득 그리고 타협으로 갈등을 해소해 나가는 정치력이 필요할 것입니다. 설득과 대화에 필요한 논리와 능력이 부족한 정치인들이 질서를 외치며 공권력의 강경 진압을 주문합니다.

　그러나 집회나 시위를 가장 강력하게 금지하고, 집회나 시위를 하는 시민들을 가장 가혹하게 처벌했던 박정희나 전두환 정권 시절에 가장 격렬한 집회와 시위가 있었다는 점을 기억해야 할 것입니다.

　2009년도 대학입학 수학능력 시험이 끝나자 학교에서 수험생들에게 특별한 강의를 마련했다는 텔레비전 뉴스를 본 적이 있습니다. 강의에 나섰던 한 명문대학의 명예교수가 학생들 앞에서 경제성장을 위해서는 민주주의가 유보될 수 있다고 말하는 것이 기자의 멘트 사이에 방송되었습니다.

　그 교수는 국가의 산업화가 어느 정도 진행되어야 민주주의도 뿌리내릴 수 있다고 말하면서, 현재 자유민주주의가 뿌리내린 대부분의 국가가 산업화된 국가라는 점을 증거로 들었습니다.

　그럴듯하게 들리지만, 그런 주장은 자유민주주의를 시행함으로써 다양한 공론의 장이 열리는 것을 불편하게 여기는 기득권층의 말장난에 불과합니다.

자유민주주의는 수렵채집 생활을 하는 아마존 원주민에게도 뿌리내릴 수 있으며, 산업화나 경제적 부유함과 관계없이 어떤 사회에서든지, 특권을 유지하려는 세력만 없다면, 즉각 시행될 수 있는 정치적 개념입니다.

저는 얼마 전에 해적선 '위다' 호에 관한 다큐멘터리를 보았습니다. '위다' 호는 애초에 노예 무역선이었는데 새뮤얼 밸러이라는 해적이 나포하여 자신의 기함으로 사용하였고, 1717년 4월 26일 케이프 코드라는 곳에서 폭풍우로 침몰했다고 합니다.

다큐멘터리는 탐사 팀이 건져 올린 물건을 복원하는 과정과 해적들의 실생활을 사실적으로 설명하였는데, 놀라운 것은 해적들이 민주주의 공동체를 이루고 있었다는 것입니다. 어디로 갈지, 어떤 선박을 공격할지를 모든 선원이 참여한 민주적 절차로 결정하였으며, 노획한 물건도 선장이 두 몫을 받는 것 이외에는 모든 선원이 공평하게 나누었습니다. 탈출한 흑인 노예라고 해도 해적으로 편입되는 순간 공동체의 일원으로서 동등한 대우를 받았다고 합니다.

열악한 환경에서 오래 살지 못하고 전투나 질병으로 죽어갈 운명이었던 해적들이 민주적 공동체를 이루었다면, 이성이 지배하는 문명사회에서 경제적 형편을 이유로 민주주의를 미루어야 할 하등의 이유가 없다고 할 것입니다.

북한을 산업화하거나 국민소득을 선진국 수준에 이르게 하기 위해서는 여러 가지 개혁 정책을 취해도 오랜 시간이 걸리는 일이며 성공한다는 보장도 없습니다.

그러나 북한 정권이 주민들에게 언론의 자유와 집회의 자유를 허용하여 민주화를 진전시키는 것은 당장 내일이라도 가능한 일입니다. 북한의 기득권층이 독재로 얻는 이익을 포기할 수 없어서 그렇게 하지 않을 뿐입니다.

마찬가지로 우리가 미국이나 서유럽 선진국의 일인당 국민소득에 도달하려고 온 국민이 노력한다고 해도 수 년 내에 달성하기는 어렵겠지만, 국가보안법이나 집시법을 개정하여 언론의 자유와 집회의 자유를 확대하고, 자유민주주의를 진전시키는 것은 다음번 국회의 회기 중에 이룰 수도 있습니다. 그렇게 할 수 없다면, 무엇이 민주주의의 진전을 가로막고 있는지 사회구성원 모두가 살펴보아야 할 문제입니다.

북한에도 우리의 국가보안법에 상응하는 법이 있으므로 우리가 먼저 그것을 폐기해서는 안 된다는 주장을 들은 적도 있습니다. 북한이 패륜을 저지르면 우리도 같이 패륜을 저질러야 한다는 그야말로 황당한 주장입니다.

저는 북한이 정치범 수용소를 즉각 폐쇄해야 한다고 생각하는 것만큼, 우리사회에서 국가보안법의 찬양·고무죄로 기소되거나 정치적 박해를 받는 것이 즉각 중지되어야 한다고 믿습니다.

미국은 산업화를 이루기 훨씬 전에 농부들이 모여서 민주주의 헌법을 만들었습니다. 미국의 헌법을 만든 사람들은 거만한 중년의 백인 농부들이었지만, 자신들을 지도자로 여기지 않았습니다. 시민을 다스리는 대상으로 여기지 않았으며, 다스리는 주체로서 자신들이 시민에 속해 있다고 믿었습니다.

물론 여성이나 흑인들까지 시민으로 여기는 평등정신을 가지지는 않았지만, 자유로운 시민이 다스리는 나라의 기초를 만듦으로써 훗날 여성과 흑인들이 시민으로 인정받게 되자 백인 남성과 법적으로 동등한 권리를 취할 수 있었습니다.

미국 헌법이 시민을 다스리는 대상으로 규정하고, 이런저런 구실을 붙여 시민적 권리를 박탈하는 규정을 두었다면, 여성과 흑인들이 시민으로 인정받는다는 것이 특별한 의미를 가지지 못했을 것입니다.

2008년 9월에 헌법재판소의 창립 20주년을 기념하여 헌법재판소가 주최한 세계헌법재판소장회의가 열린 적이 있습니다. 이 회의에 참석했던 유타 림바흐 전 독일 헌법재판소장이 기자회견에서 "전쟁이 끝나고 민주주의가 안정화된 한국에서 국가보안법은 더 이상 필요 없다고 생각한다."라고 말했습니다.

촛불집회에 관한 질문을 받자, 독일에서 네오나치주의자들이 '홀로코스트는 거짓'이라고 주장하며 집회를 벌여 시위문화에 대한 논쟁이 있었는데, 연방 헌법재판소는 폭력으로부터 자유롭다면 모든 집회는 허용해야 한다고 판결한 사실을 예로 들었다고 합니다.

저는 그녀가 한국의 헌법재판관들이 2004년 8월 26일 있었던 국가보안법의 찬양·고무죄에 대한 헌법소원 사건에서 만장일치로 합헌 결정을 내렸던 것을 알고 있었는지 궁금해졌습니다. 잔치를 주최한 헌법재판소가 합헌이라고 말한 법에 대하여 손님으로 참석한 사람이 위헌이라는 견해를 밝힌 것입니다.

저는 독일의 전직 헌법재판소장의 말을 우리가 반드시 수용해야 한다고 믿지는 않습니다. 그러나 왠지 대한민국 헌법재판소의 결정보다는 전직 독일 헌법재판관의 말 속에 우리나라의 헌법 정신이 더 많이 담겨 있다는 생각을 떨칠 수 없습니다.

그동안 우리사회에는 수많은 악법들이 존재했습니다. 지금도 언론의 사유를 억압하는 법이나, 집회의 자유를 제한하는 악법들이 존재합니다.

집권자들의 독재를 도와주는 여러 가지 악법을 공무원들은 '악법도 법'이라는 핑계로 거리낌 없이 집행하였고, 국민 여론이 지지한다는 이유로 악법에 대한 개정이나 폐지 요구에 대하여 헌법재판소는 합헌결정을 남발해 왔습니다.

이렇게 악법에 대한 관대한 태도가 우리나라의 민주주의를 지연시켰으며, 헌법을 있으나마나한 법으로 만들었다고 말해도 과언이 아닙니다.

우리사회는 1987년 시민항쟁을 통해서 대통령 직선제를 회복한 이후, 여야의 정권이 평화적으로 교체되는 민주적 권력 이양을 경험하고 있습니다.

사회의 일각에서는 평화적 정권교체가 정착되었으니 민주주의가 실현되었다며, 이제는 경제 살리기에 매진해야 한다고 주장하고 있지만, 평화적 정권교체가 민주주의의 목표가 될 수는 없습니다. 평화적 정권교체는 왕조시대에도 얼마든지 가능했다는 점에서 그것만으로 민주주의의 실현을 말할 수는 없습니다. 평화적 정권교체는 민주주의를 향해 걸음마를 시작했다는 신호일 뿐입니다.

다수결이 민주주의라고 말하기도 하지만, 압도적 표차로 평화적 정권교체를 이룩한 히틀러가 다수 독일인의 여론을 업고 유대인에 대한 차별과 학살정책, 그리고 침략전쟁 등을 시작했다는 점에서 다수결 자체도 민주주의 일 수 없습니다.

평화적 정권교체와 다수결로 성립한 정권이 헌법에서 규정한 인간의 자유와 권리를 최대한 보장하고, 인간의 존엄성을 존중하는 정책을 시행하는 결과로 이어질 때 민주주의가 실현되는 것입니다.

그러므로 이제 민주주의의 걸음마를 시작한 우리사회에서 헌법이 추구하는 자유민주주의가 실현될 수 있도록 법과 제도를 정비해야 합니다. 누구든지 자유로운 시민이라면, 헌법 정신에 위반되는 법률이 개인의 자유와 권리를 억압하는 것을 두고 법치주의라고 생각해서는 안 됩니다. 또한, 악법을 실천하는 법치주의가 자유민주주의의 지배원리라고 동의해서도 안 됩니다.

입법부, 사법부, 행정부 그리고 헌법재판소와 같은 헌법기관들은 우리사회에 존재하는 모든 위헌적 법률과 제도를 고쳐서 자유민주주의를 실천해야 합니다. 그것이 국민이 그들에게 권한을 위임해 준 이유입니다.

5. 이륜자동차 차별에 대한 헌법재판소의 판단

2008년 7월 31일 헌법재판소는 2007헌바 90, 133(병합) 도로교통법 제63조 위헌소원에 대하여 기각 결정을 내렸습니다. 그 결정문의 7쪽~11쪽을 보면 2007년 1월 17일 2005헌마 1111, 2006헌마18(병합) 사건의 결정문을 다음과 같이 그대로 인용하고 있습니다.

1. 통행의 자유(일반적 통행의 자유)의 침해 여부

가. 청구인들은 원동기장치자전거 운전면허 또는 제2종 소형 자동차 운전면허를 운전할 수 있지만, 이 사건 법률조항에 의하여 고속도로 또는 자동차 전용도로(이하 '고속도로 등'이라 한다)의 통행이 금지되므로, 이륜차를 이용하여 고속도로 등을 통행할 수 있는 자유를 제한당하고 있다. 이는 행복추구권에서 우러나오는 일반적 행동의 자유를 제한하는 것이다. 그러나 이 사건 법률조항이 청구인들의 거주이전의 자유를 제한한다고 보기는 어렵다.

일반적 행동의 자유는 개인의 인격 발현 및 행복추구의 수단이므로 최대한 존중되어야 하지만, 헌법 제37조 제2항에 따라 질서유지 또는 공공복리를 위하여 법률로 제한될 수 있다. 그러므로 이 사건 법률조항이 청구인들의 통행의 자유(일반적 행동의 자유)를 제한하는 것이 헌법 제37조 제2항에 의하여 허용될 수 있는지 여부를 살펴볼 필요가 있다.

나. 고속도로는 자동차의 고속교통에만 사용하기 위하여 지정된 도로이고, 자동차 전용도로는 자동차만 다닐 수 있도록 설치된 도로이다. 고속도로 등은 자동차 교통의 원활하고 신속한 소통을 위하여 자동차만 다닐 수 있도록 지정된 도로이고 자동차의 주행속도가 일반도로보다 빠르다.

이륜차는 운전자가 외부에 노출되는 구조로 인하여 가벼운 충격만 받아도 운전자가 차체로부터 분리되기 쉽다. 그리고 이륜차는 구조의 특수성으로 인하여 일반 자동차에 비하여 급격한 차로변경과 방향전환이 용이하다. 그로 인하여 이륜차는 교통사고 위험성이 매우 높고 사고 발생시의 치사율도 매우 높다. 이륜차 교통사고의 치사율은 9.3%(6,635건 발생에 618명 사망)로 4륜자동차 교통사고의 치사율 2.7%(203,706건 발생 5,541명 사망)보다 3.4배 가량 높다(2004 년 기준).

고속도로 등에 이륜차의 통행을 허용할 경우에는 고속으로 주행하는 이륜차의 사고 위험성이 더욱 증가되고 그로 인하여 일반 자동차의 고속 주행과 안전까지 저해할 우려가 있다.

이륜차의 구조적 특성에서 비롯되는 사고위험성과 사고결과의 중대성에 비추어 이륜차 운전자의 안전 및 고속도로 등 교통의 신속과 안전을 위하여 이륜차의 고속도로 등 통행을 금지할 필요성이 크다. 이 사건 법률조항의 입법목적은 정당하고, 이 사건 법률조항이 이륜차의 고속도로 등 통행을 전면적으로 금지한 것도 입법목적을 달성하기 위하여 필요하고 적절한 수단이라고 생각한다.

다. 이륜차의 주행 성능(배기량과 출력)이 4륜자동차에 뒤지지 않는 경우에도 이륜차의 구조적 특수성에서 우러나오는 사고 발생 위험성과 사고결과의 중대성이 완화된다고 볼 수 없으므로, 이륜차의 주행 성능(배기량과 출력)을 고려하지 않고 포괄적으로 금지하고 있다고 하여 부당하거나 지나치다고 보기 어렵다.

5. 이륜자동차 차별에 대한 헌법재판소의 판단

라. 도로법 제54조의3 제2항에 의하면 자동차전용도로는 당해 구간을 연락하는 일반교통용의 다른 도로가 있는 경우에 지정된다. 이 법률조항은 고속도로에도 적용된다(고속국도법 제10조). 따라서 이륜차로 하여금 고속도로 등의 통행을 금지하더라도 그로 인한 불편은 최소화되고 있다. 이륜차에 대하여 고속도로 등의 통행을 전면적으로 금지하더라도 그로 인한 기본권 침해의 정도는 경미하며, 이 사건 법률조항이 도모하고자 하는 공익에 비하여 중대하다고 보기 어렵고, 기본권 제한 최소한의 원칙에 위배된다고 보기도 어렵다.

마. 따라서 이 사건 법률조항은 청구인의 고속도로 등 통행의 자유(일반적 행동의 자유)를 헌법 제37조 제2항에 반하여 과도하게 해 한다고 볼 수 없다.

2. 불합리한 차별인지 여부

이륜차는 운전자가 외부에 노출되는 구조로 말미암은 사고 위험성과 사고 결과의 중대성 때문에 고속도로 등의 통행이 금지되는 것이므로 구조적 위험성이 적은 일반 자동차에 비하여 고속통행의 자유가 제한된다고 하더라도 이를 불합리한 차별이라고 볼 수 없다. 구조적 위험성의 정도가 현저히 다르기 때문에 차별 여부의 비교 대상이 되지 아니한다.

헌법재판소는 2007년에 있었던 위와 같은 선례와 달리 판단해야 할 아무런 사정변경이 없다고 판단된다며, 이륜자동차에 대한 차별을 정당화하였습니다.

이 같은 헌법재판소의 판단에 대하여는 이어지는 글에서 논평할 것입니다.

그러나 그에 앞서서 헌법재판소란 어떤 곳이어야 하는가를 생각해 보지 않을 수 없습니다. 앞에서도 언급했듯이 우리나라 헌법의 권리장전 부분에는 국민의 권리를 이런저런 이유로 제한해도 된다는 독소 조항을 가지고 있어서 '국민의 권리를 제한하는 법률의 제정을 금지' 하는 미국의 헌법과 비교해 볼 때 크게 미흡하다고 할 수 있습니다.

그렇다면 우리의 헌법재판관들은 악용 소지가 있는 헌법규정을 엄격하게 해석함으로써 국민의 인권 보장에 소홀함이 없어야 합니다. 즉, 헌법 제37조 제2항의 규정에서 국민의 권리를 제한하는 사유로 '국가안전보장 · 질서유지 또는 공공복리'로 포괄적으로 규정하고 있는 부분을 적용할 때, 위헌심판의 대상이 된 법률이 과연 국가안전보장이나 질서유지, 공공복리에 관하여 어떤 점에서 필요한지 엄격하게 해석해야 합니다.

이 규정을 포괄적으로 해석한다면 헌법에서 규정한 국민의 자유나 권리는 그저 종이에 쓴 글씨에 지나지 않게 되기 때문입니다. 이륜자동차의 고속도로 통행이 국가안전보장이나 공공복리와 관련이 없다는 것은 대부분의 사람들이 인정할 것입니다.

그런데 "이륜자동차의 고속도로 통행금지가 질서유지에 꼭 필요한가?"라는 질문에는 대답이 다를 수도 있습니다. 어떤 사람들은 그렇다고 대답할 것이며, 헌법재판소도 그렇다고 결정문에서 밝혔습니다.

그렇다면 이륜자동차는 법규를 잘 지키면서 운행하더라도 자체로써 질서유지에 해가 된다는 근거를 제시해야 하지만, 결정문 어디에도 교통법규를 지키더라도 이륜자동차 자체로써 질서유지가 곤란하다는 언급은 없습니다.

혹시 이륜자동차 운전자들이 과속이나 난폭운전을 단속하는 법규를 상대로 헌법소원을 하였다면 '질서유지'에 필요하다며 기각할 수도 있을 것입니다. 하지만 고속도로에서 제반 법규를 지키며 운행하는 이륜자동차가 질서유지나 공공복리에 해를 끼칠 수 없다는 점에서 전면적 통행금지가 꼭 필요한 조치가 아니라는 것을 알 수 있습니다.

헌법 제37조 제2항에서 막연한 위험이 국민의 자유나 권리를 제한하는 조건으로 규정되어 있지 않음에도 불구하고, 헌법재판소는 이륜자동차의 차별에 대하여 헌법에서 규정하고 있지 않은 근거를 들어서 정당화하였다고 볼 수 있습니다. 그리고 재판관 이동흡, 재판관 목영준의 보충의견으로 다음과 같이 기술하고 있습니다.

> 이륜자동차로 하여금 고속도로 등을 통행하도록 허용하면서도 고속도로 상에서의 중대 사고를 예방하고 교통의 안전을 확보하기 위하여는, 이륜자동차 운전자들이 차간 안전거리 유지, 제한속도 준수, 급격한 차선변경 금지 등 고속도로 상의 교통법규를 제대로 준수하리라는 것이 전제되어야 한다.
> 그런데 현재 일부 이륜자동차 운전자들은 낮은 교통질서 의식과 나쁜 운전습관을 가지고 있고, 그로 인하여 도로 정체 시

차량 사이의 빈틈운행, 급차선 변경, 무분별한 끼어들기, 중앙차선의 침범, 과속, 과도한 소음발생, 곡예운전 등 다른 운전자들의 주의력을 산만하게 하고 사고위험을 증가시키는 운전행태를 보이고 있다. 물론 이러한 운전습관과 잘못된 질서의식을 가진 이륜자동차 운전자가 일부에 불과하겠지만, 일반자동차 운전자를 포함한 많은 국민들이 이륜자동차 운전자들의 이러한 운전행태로 인한 사고위험에 대하여 깊은 우려와 많은 경계를 하고 있는 실정이다(중략).

그러나 이륜자동차 운전자들의 자율적인 노력 등으로 일부 이륜자동차 운전자들의 잘못된 운전습관이 개선되고, 그 결과 일반 국민의 이륜자동차의 운전행태에 대한 우려와 경계가 해소되는 장래의 일정 시점에서는, 이륜자동차도 그 배기량에 따라 단계적으로 고속도로 등에서 통행할 수 있도록 입법적 개선을 하여 주는 것이 필요하고도 바람직할 것이다(결정문 제12쪽~제13쪽).

이러한 보충 의견은 헌법 정신과 반대되는 결정을 내리면서 나름대로 정당한 결정이라고 변명을 하려다 사족을 단 것이라고 할 수 있습니다.

이륜차를 운전하는 국민을 고속도로에서 쫓아내는 것이 헌법 정신에 부합한다면, 운전자들이 법규를 준수하는 것과 상관없이 합헌이어야 합니다. 일부 이륜차 운전자들이 나쁜 습관을 가지고 있어서 합헌이고 나중에 착한 운전을 하게 되면 그때 가서 위헌이 될 수는 없습니다.

그것은 국민들이 혈세를 거두어서 수많은 공무원을 고용하고, 행정기관에 권한을 위임하여 법을 집행하도록 하고 있기 때문입니다. 이륜차 운전자 중에서 법규를 지키지 않는 사람이 있다면 빠짐없이 단속하여 도로에서의 안전을 확보하고 국가의 법체계를 유지해야 하는 것이 국가기관이 할 일입니다.

국가가 국민에게 여러 가지 시험을 거쳐서 운전면허를 교부하였다면, 그것을 받은 사람은 교통법규를 알고 있으며, 그것을 지킬 것이라고 전제하는 것입니다. 그렇기 때문에 운전자가 "내 행위가 법규 위반인지 몰랐다."라고 변명을 해도 경찰관이 단속할 수 있는 것입니다.

운전자들이 법을 준수하리라는 것이 전제되어야만 통행이 가능한 것이 아니라, 모든 운전자들이 법을 준수할 것으로 전제하고 통행을 시키는 것이며, 전제를 어기고 법규를 위반한 운전자에게는 상응하는 제재를 가하도록 행정기관에게 권한과 의무를 주었다는 사실을 헌법재판관들은 망각하고 있습니다.

그리고 법을 위반하는 일부 운전자가 있으면, 모든 운전자의 권리를 박탈하는 것이 가능하다고 주장한 것은 법집행의 일반적인 원칙마저 무시한 의견이라고 할 수 있습니다.

이렇게 황당한 논리로 결정문을 쓸 수 있다는 것은 두 가지로 생각할 수밖에 없습니다. 헌법재판관들이 국민들의 사고력을 초등학생 이하의 수준으로 판단하고 있거나, 헌법재판관들에게 민주주의나 시민적 자유에 대한 철학이 부족할 뿐만 아니라 법관으로서의 자질도 부족하다는 것입니다.

헌법 정신을 명백히 부정하는 사례는 다른 위헌법률 심판의 결정에도 나타납니다.

2008년 7월 31일 저는 헌법재판소에서 이륜자동차의 차별에 대한 헌법소원의 결과를 듣기 위해서 헌법재판소의 방청석에 있었습니다. 이륜차에 대한 결정이 뒤에 있어서 차례를 기다리며 다른 결정을 듣던 중에 저의 흥미를 끄는 결정을 들을 수 있었습니다.

그것은 '청원경찰'이 제기한 헌법소원에 대한 결정이었는데, 내용을 들으니 청원경찰에게 국가공무원법을 준용하여 집단행동을 금지하는 규정에 대한 헌법소원 사건이었습니다.

국가공무원법 제66조 제1항은 "공무원은 노동운동이나 그 밖에 공무 외의 일을 위한 집단 행위를 하여서는 아니 된다. 다만, 사실상 노무에 종사하는 공무원은 예외로 한다."라고 규정하고 있습니다. 그런데 청원경찰법 제5조 제4항은 "청원경찰의 복무에 관하여는 국가공무원법 제57조·제58조제1항·제60조·제66조제1항 및 경찰공무원법 제18조의 규정을 준용한다."라고 규정함으로써 청원경찰의 집단행동도 공무원과 마찬가지로 금지하고 있습니다.

청원경찰들은 자신들이 공무원이 아니며 신분보장이나 여타 근로조건에 있어서 열악한 처지에 있음에도 집단행동 금지 규정으로 인하여 근로조건과 관련한 단체행동을 제약받고 있어 헌법소원을 제기한 것입니다.

저는 청원경찰의 딱한 처지를 언급하기에 앞서서 공무원에 대한 집단행동 금지조항 자체가 과연 헌법 정신에 맞는가 하는 의문을 제기하지 않을 수 없습니다. 공무원 역시 노동자이므로 자유민주주의 국가에서 공무원에 대하여 집단행동을 포괄적으로 금지하는 나라는 없습니다. 바르셀로나 올림픽이 열리기 전에 올림픽과 관련하여 격무에 시달리던 바르셀로나 시의 경찰노조가 시위를 벌였다는 보도가 있었습니다. 비번인 경찰관들이 시위를 하고 당번인 경찰들이 상황대비를 하는 뉴스 화면을 한국의 경찰관들은 부러운 시선으로 볼 수밖에 없었습니다.

공무원이 근무를 하지 않는 공휴일이나 일과시간 후에 자신들의 요구조건을 평화적으로 제기하는 집회가 국가안전보장이나, 질서유지나, 공공복리에 해를 준다는 근거가 없다면, 마땅히 포괄적으로 집단행동을 금지함으로써 공무원들의 헌법적 권리를 침해하는 국가공무원법 제66조 제1항은 위헌의 소지가 있다고 할 것입니다.

공무원의 노동쟁의를 무한정 허용하여 국가의 행정망이 마비되는 것은 막아야 합니다. 그렇다면 공무원이 근로조건과 관련한 집회를 함에 있어서 일정한 비율의 근무자는 직무를 수행하도록 하여 행정 공백을 최소화하면 되는 것입니다. 그런데 일과시간이 아닌 때에 요구 사항을 주장하는 집회를 하는 것을 포함하여 공무 이외의 모든 집단행동을 금지함으로써 문자 그대로 해석한다면 공무원들이 성금을 걷어서 복지시설을 함께 방문하는 것도 범죄로 만들어 버렸습니다.

이렇듯 국가공무원법의 집단행동 금지도 위헌소지가 다분하다고 할 것인데, 헌법재판소는 청원경찰들이 중요 시설을 경비하는 위치에 있으므로 공무원처럼 집단행동을 금지하는 것이 합헌이라고 결정함으로써 열악한 처지에서 일하는 청원경찰들의 헌법적 권리를 외면하였습니다.

저는 그날 이륜차의 차별을 정당화하는 결정을 듣고 속상했지만, 생존권과 관련한 헌법적 권리를 구제받지 못한 청원경찰의 처지를 헤아려 볼 때 저의 권리침해는 훨씬 덜한 것이라는 위로를 받을 수 있었습니다. 헌법재판소가 사회적 약자에 대하여 냉정하고 기득권에 관대하다는 평가가 왜 나오고 있는지 재판관들은 냉정히 따져 보아야 할 것입니다.

2006년 6월, 강원도 속초 인근에서 열렸던 이륜차 행사에 참석하여 인삿말을 하는 필자.

2007. 3. 1. 여의도에서 열린 이륜차 행사에 참석한 사람들. 경찰의 안내를 받아 여의도 공원 노변에 주차된 이륜차들이다.

전국이륜문화개선운동본부 회원들이 8일 오후 서울 종로 안국역 인근에서 '이륜차 고속도로 통행규제법'의 개정을 요구하며 피켓시위를 벌이고 있다.

경찰은 고속도로를 주행한 이륜차 사용자들을 천안경찰서로 동행하려 하였으나 이륜차 사용자들은 통행을 거부하였다.

강북강변로에서 경찰 순찰차의 추격을 받던 중 사망한 고 박현수 씨의 추모행사. 필자는 고 박현수 씨의 사망사건을 접하고 직접 이륜차를 타고 고속도로에 들어가기를 마음먹는다.

필자의 고속도로 주행을 보도한 화면

2007. 4. 9. 평택-안성간 고속도로에서 경부고속도로로 진입하는 이륜차. 필자는 천안에서 고속도로 순찰대의 단속을 받는다.

고 박현수 씨의 추모행사 중에 이륜차 사용자들이 경찰의 통제를 받으며 그가 사망한 장소로 향하고 있다.

6. 오토바이와 이륜자동차

이륜자동차를 지칭하는 '오토바이'라는 단어는 일본인이 만들어서 쓰던 것이 일제 강점기를 거치면서 우리나라에서도 쓰이게 된 것으로 알려져 있습니다. 이 단어는 영어의 오토모빌(Automobile)과 바이시클(Bicycle)의 앞소리를 따서 조합한 일본식 표현이라고 할 수 있습니다. 요즘은 이륜차 사용자들 중에서는 오토바이가 일본말 잔재라며 바이크(Bike)라는 단어를 사용하는 사람들이 늘고 있습니다.

저 역시 그 분들의 주장에 동의하며 오토바이라는 용어를 사용하지 않지만 바이크라는 단어 역시 썩 마음에 드는 것은 아닙니다. 영어에서 바이크는 이륜자동차와 자전거를 포함하는 개념이므로 우리가 이륜자동차만을 지칭해서 바이크라고 부르는 것은 의미상 혼란이 있을 수 있습니다.

모터사이클(Motorcycle)이라는 단어가 영어로는 이륜자동차를 지칭하는 가장 무난한 단어인데 단어가 길어서 그런지 우리나라에서는 널리 쓰이지 않고 있습니다. 사실 저도 예전에는 아무런 생각 없이 오토바이라는 단어를 사용했습니다.

현직에 있을 때 교통사고 조사반에 근무하면서 서류를 작성할 때, 막연히 '오토바이를 운행한 과실로……' 라는 식으로 범죄 사실을 적는 것이 일반적이었습니다. 그리고 종종 바이크라는 용어를 함께 사용하기도 했지만, 지금은 도로교통법에서 자동차의 종류로 정의한 '이륜자동차(이륜차)' 라는 용어를 사용하는 것이 타당하다는 생각이 들어서 공식적으로는 이 용어를 주로 사용합니다. 오토바이라는 용어가 일본말 잔재라며 사용하지 않으면서 영어인 바이크나 모터사이클을 사용하는 것이 어쩐지 어울리지 않는다고 생각되었기 때문입니다.

제가 어렸을 때만 해도 일본말 찌꺼기가 많이 남아 있었습니다. 당시에 나이가 많은 사람들은 벤또(도시락), 쓰메끼리(손톱 깎기), 가에당(계단), 도라꾸(화물차)라는 표현을 자주 사용했습니다.

지금도 공사장이나 산업현장에서 사용하는 용어의 상당부분이 일본말이거나 영어의 일본식 발음입니다. 야스리(줄), 덴조(천장)처럼 일본말을 직접 사용하기도 하고, 반네루(Panel), 샤후드(Shaft)처럼 영어의 일본식 발음을 그대로 쓰는 경우도 있으며, 다시방(Dashboard)처럼 영어와 일본어가 섞인 표현도 있습니다.

Panel이라는 단어의 경우 방송토론의 출연자를 지칭할 때는 패널로 발음하다가도, 공사장에서 콘크리트의 거푸집을 지칭할 때는 반네루로 발음하는 웃기는 경우도 있습니다. 산업현장이 아닌 일상생활에서는 일본말 씨써기가 많이 사라지기는 했지만, 대신 영어식 표현이 무분별하게 늘어나고 있어 여전히 우리말 표현을 지켜야할 필요성이 요구된다고 하겠습니다.

이륜자동차라는 용어 역시 한문에서 따온 말이니 우리말이 아니라고 주장하는 사람도 보았습니다만, '이륜자동차'라는 발음을 듣고 중국인이나 일본인이 알아듣지 못한다면 비록 한자에서 비롯되었다고 해도 우리말이라고 할 수 있습니다.

많은 이륜차 운전자들이 '오토바이' 보다는 '이륜자동차(이륜차)'라는 용어를 사용하자고 주장해 왔습니다. 신문에 독자 투고를 하기도 하고, 이륜차에 관해서 취재하는 기자들에게 오토바이라는 일본식 표현보다 법에서 정한 이륜자동차를 사용해 달라고 요청하기도 했습니다.

하지만 대부분의 언론사에서 오토바이라는 용어를 버리지 않고 있습니다. 뉴스 시간에 "화물차와 오토바이가 충돌하여"라는 표현은 있어도 "화물차와 이륜차가 충돌하여"라는 표현은 전혀 없습니다. 다른 자동차는 도로교통법에서 정한 용어를 사용하지만 이륜차만큼은 일본말 잔재를 고집하는 이유를 알 수가 없습니다.

  이에 대해 한 기자가 오토바이라는 명칭이 국어사전에 실려 있기 때문에 사용하는데 하자가 없다는 말을 하기도 했습니다. 사실 이륜자동차라는 용어를 사용하자고 권유해도, 오토바이라는 용어가 더 익숙하니까 그냥 쓰겠다는 사람들이 존재합니다. 어떤 사람이 이것저것 따지기 싫고 그냥 편하게 오토바이라고 부르겠다고 하거나, 영어가 멋있어 보이니 꼭 바이크라고 부르겠다고 고집하는 사람도 있을 수 있습니다. 일반 시민들이 잘못된 표현을 버리지 않겠다면 어쩔 수 없는 일입니다. 그러나 우리말을 다듬어서 바르게 써야할 책임이 있는 신문이나 방송은 다릅니다.

  신문사나 방송사들이 오토바이가 일본말의 잔재이고 그것에 대응하는 우리말 표현이 있다는 것을 알면서도 오토바이가 국어사전에 있으니 그냥 쓰겠다고 한다면 옳은 태도라고 할 수 없습니다. 이륜차와 관련된 소송을 진행하면시 보니 판시들도 오토바이라는 표현을 사용하는 것을 들을 수 있었습니다. 워낙 익숙해 있어서 그런 것으로 이해합니다만, 직무를 수행함에 있어 법령을 준수해야하는 공무원들 역시 공문서나 보고서에 이륜자동차(이륜차)라는 법정용어를 사용하는 것이 마땅합니다.

'국민학교'라는 용어가 일제의 잔재라는 것이 알려지자 이름을 공모해서 '초등학교'로 바꾸어 부르고 있습니다. 없던 말도 만들어서 바르게 사용하려고 노력하고 있는 것에 비추어 본다면, 적어도 언론사나 공공기관에서는 일본식 표현보다는 존재하는 우리말 표현을 사용하는 것이 옳습니다. 앞으로 이륜자동차(이륜차)라는 우리말 표현이 오토바이라는 일본식 표현을 누르고 널리 사용되기를 기대합니다.

이륜차 사용자들이 오토바이라는 용어를 바로 잡자는 주장을 하는 배경에는 오토바이라는 용어가 이륜자동차와 원동기장치자전거(이하 원동기)를 구분해 주지 못하는 점도 크게 작용하고 있습니다. 자동차관리법 상의 이륜자동차는 배기량 50cc 이상의 이륜의 자동차를 지칭하고 있지만, 도로교통법에서는 자동차관리법 상의 이륜자동차 중에서 배기량 125cc 이하의 것을 원동기로 분류합니다. 그리고 원동기는 도로교통법상으로 자동차에서 제외되어 있습니다.

자동차가 도로에서 운행함에 있어서는 도로교통법의 적용을 받으므로 도로에서 자동차의 대접을 받을 수 있는 이륜자동차는 배기량 125cc를 초과하는 이륜자동차로 한정되며, 배기량 125cc 이하의 원동기는 자동차의 지위를 가지지 못한다는 말입니다.

대부분의 사람들이 바퀴 두 개가 달려있으면 다 똑같다고 생각하지만, 자동차와 자동차가 아닌 것에는 형식승인, 검사, 보험, 납세에 있어서 큰 차이를 보이고 있습니다. 이륜자동차는 자동차로써 고속도로 등을 통행할 법적 근거를 가지지만 원동기는 자동차가 아니므로 고속도로 등을 통행할 법적근거가 없습니다.

이렇게 두 바퀴의 탈 것 중에서도 자동차와 자동차가 아닌 것이 존재한다고 생각하면 헌법재판소의 결정의 근거에도 상당한 오류가 있다는 것을 알 수 있습니다.

현재 등록된 이륜자동차는 5만대에 미치지 못하지만, 운행되는 원동기는 등록된 것과 등록되지 않은 것을 포함하여 약 300만대 이상으로 추정하고 있습니다. 그렇다고 보면 도로를 운행하는 이륜의 탈 것 100대 중에서 이륜차는 2대가 채 안 되고, 원동기장치자전거는 98대가 넘는다는 것을 알 수 있습니다.

또, 주로 출퇴근 및 가정용으로 이용되는 이륜자동차에 비하여 원동기는 음식배달, 택배, 신문배달 등 생업의 현장에서 주로 이용됩니다. 이렇게 생업 현장에서 배달에 사용되는 원동기들은 업무의 특성상 장시간의 무리한 운행을 하기도 하며, 장시간의 무리한 운행은 사고로 이어질 확률이나 상해를 입을 확률이 더 많다고 할 수 있습니다.

그런데 헌법재판소의 결정문에서 인용한 사고의 통계는 자동차가 아닌 원동기의 사고율과 치사율이 합산된 통계이며 고속도로가 아닌 일반도로에서의 통계입니다. 이륜자동차의 고속도로 통행을 규제하는 근거로 사용하기 위해서는 이륜자동차의 사고통계가 있어야 하며, 고속도로에서의 사고라는 조건을 충족하는 것이 더욱 합당합니다.

자동차 사이에서도 화물차와 승용차의 사고 통계가 구분되어 집계됩니다. 그런데 2% 미만의 이륜자동차(주로 자가용)와 98%가 넘는 원동기(주로 생업용)의 통계가 합산되었다면 그것을 이륜자동차의 통계로써 인정하기 어렵습니다.

또한 통계는 어디까지나 통계일 뿐이므로 장기적 정책 개발의 자료로써 활용되어야 하는 것이지 국민의 기본권을 박탈하는 근거로써 악용될 수 있는 것이 아닙니다.

예를 들어서 한국인 중에서 소매치기범의 비율이 일본인의 그것보다 2~3배 높다는 통계를 들어서 한국인 전체에 대한 일본입국을 금지한다면, 일본의 질서 유지와 공공복리를 위한 합리적인 조치라고 말할 수 없는 이유와 같습니다. 국민의 기본권을 박탈한 것을 정당화하려고 들이대는 통계는 더 이상 통계가 아니라 부당한 억압일 뿐입니다.

7. 고속 교통과 고속도로

우리는 고속도로를 자동차의 고속주행을 위한 도로로 알고 있습니다. 그래서 명절 연휴기간 중에 고속도로의 정체로 불편을 겪은 귀성객들이 "도로가 정체되어 저속으로 왔는데 왜 고속도로 요금을 내야 하느냐?"라는 불만을 제기하기도 합니다. 사람들의 이러한 불평은 일반도로는 '저속용' 도로이고 고속도로는 '고속용' 도로라는 관념에 기반하고 있는 듯합니다.

귀성객들의 이러한 불만에 대응하려면 도로 앞에 '고속'이라는 명칭이 붙는지 여부에 따라서 고속주행이 가능한 것인지 알아야 합니다. 고속이라는 수식어를 붙이지 않은 1번 국도에서는 고속주행이 허락되지 않는다고 생각하십니까? 해답은 보행자나 차마(車馬), 자동차 등이 도로에서 통행하는 방법을 규정하고 있는 도로교통법에 있습니다.

도로교통법 제2조 제3호는 고속도로를 자동차의 고속 교통에만 사용하기 위하여 지정된 도로라고 규정합니다. 그러므로 자동차로 분류되지 않은 차마(자전거, 우마차, 원동기장치자전거 등)는 고속도로를 다닐 수 없으며, 자동차라고 해도 지나치게 저속으로 운행하는 것은 법으로 금지됩니다.

그런데 도로교통법은 자동차의 고속교통을 고속도로의 사용 목적으로 규정하지만, 고속에 대한 정의나 기준은 정하고 있지 않습니다. 여기서 "고속이란 무엇인가?"라는 의문이 생기지 않을 수 없습니다.

여러분은 어느 정도의 속도 이상이면 고속교통에 해당한다고 생각하십니까? 이 질문에 답하기 위해서는 먼저 일반교통(저속교통)의 개념을 이해하거나 그 기준을 알아야 합니다. 왜냐하면 고속교통은 일반교통의 상대적 개념으로 존재하는 것이기 때문입니다.

서양의 옷이 들어오기 전에 우리 조상들은 한복이라는 개념을 가지고 있지 않았습니다. 그냥 저고리나 두루마기 같이 옷의 종류를 지칭하는 용어만 있었을 뿐입니다. 서양문물이 전해지면서 양복이 들어오자 그것과 구별되는 한복이라는 용어를 만들어 사용하기 시작하였습니다.

마찬가지로 속도에 있어서도 애초부터 일반교통이나 고속교통이라는 개념이 존재한 것은 아니었습니다. 자동차가 일상생활 속에 나타나면서 사람들은 보행속도나, 우마차의 속도, 그리고 제법 빠르다는 말의 속도보다 엄청나게 빠른 속력을 지속적으로 낼 수 있는 기계를 접하게 되었고, 비로소 일반교통과 고속교통을 구분하게 된 것입니다.

마라톤 선수는 시속 약 20km로 달릴 수 있지만, 인간의 보행속도는 시속 4km 내외이며, 우마차도 인간의 보행속도와 비슷합니다. 말이 전력질주를 한다고 해도 시속 50km~65km 정도입니다. 말이 전력질주를 할 경우 몇 분 못가서 지치기 때문에, 말보다 월등히 빠른 속력을 몇 시간이고 지속할 수 있는 자동차는 그야말로 획기적인 운송수단이 되었습니다.

자동차의 등장으로 인류는 화물과 여객을 고속으로 이동시키는 세상에서 살게 된 것입니다. 간혹 외국의 오지를 여행하는 다큐멘터리 필름을 보면 지금도 양떼나 우마차가 도로를 점령하여 자동차의 속도를 낼 수 없는 상황을 볼 수 있습니다. 양떼가 지나가거나 우마차를 추월할 수 있는 공간이 나타날 때까지 자동차는 천천히 따라갈 수밖에 없습니다.

이러한 상황은 과거에 우리에게도 있었습니다. 1961년에 개봉된 강대진 감독의 '마부'는 서울에서 4남매를 키우며 고달프게 살아가는 마부의 애환을 그려 베를린 영화제 특별은곰상을 받았습니다. 지금은 도시나 농촌을 막론하고 마차를 찾아볼 수 없지만 마부라는 영화가 제작될 때만 해도 서울에서 마차로 짐을 나르는 것이 일상이었음을 알 수 있습니다.

제2차 세계대전 중에도 마차의 수송 분담률이 상당했었으며, 군대에서 무기의 용도를 설명할 때 '인마살상용'이라는 용어가 남아 있는 것을 보면 자동차가 등장하여 말을 전쟁이나 수송 수단에서 몰아낸 것이 그리 오래된 역사가 아님을 알 수 있습니다.

새로 등장한 자동차는 시간당 수십 km를 주행하는 경이적인 속도를 지속적으로 유지함으로써 당시만 해도 빠른 교통수단에 속했던 마차를 역사 속으로 퇴장시켰습니다. 그런데 자동차가 등장한 직후에는 자동차보다 우마차의 수송 분담률이 훨씬 높았으며, 자동차는 수많은 우마차들 사이로 다녀야 했습니다. 저속교통 수단인 우마차들 사이에서 고속교통 수단인 자동차는 제 성능을 발휘할 수 없었고 그 대책으로 나온 것이 자동차만 다닐 수 있게 하는 도로의 건설이었습니다.

일반도로와는 달리 우마차 같은 저속교통 수단의 진입을 통제하여 자동차만 다니게 한 자동차 전용도로(고속도로)에서는 여객과 화물을 빠르게 이동시킬 수 있게 되었습니다.

이제는 우마에 의한 수송이 거의 사라져서 모든 국도나 지방 도로의 교통수단은 자동차 일색이 되었으며, 저속 교통수단이 사라진 일반도로에서 자동차는 별다른 제약 없이 고속교통이 가능해졌습니다.

물론 고속도로든 일반도로든 자동차의 범람으로 상습적인 정체가 일어나고 있기는 하지만 말입니다. 도로공사 직원이 고속교통의 기준을 이해한다면 "극심한 정체로 저속으로 운행했음에도 고속도로 요금을 내야 하느냐?"라는 귀성객들의 불만에 명쾌히 답할 수 있을 겁니다. "부산에서 서울까지 12시간에 왔다면 충분히 고속주행을 한 것입니다. 여러분이 마차를 탔다면 며칠이나 걸렸을 테니까요."라고 말입니다.

독일의 히틀러는 양떼나 우마차가 다니는 일반도로와는 별개로 자동차만 다닐 수 있는 아우토반을 건설하고, 그곳에 입체교차로를 만들어 녹일의 수송능력을 획기적으로 개선했다고 합니다. 이 같은 기능을 가진 독일의 아우토반은 이후에 전

세계로 퍼져 나갔는데 우리나라에서는 고속도로라는 이름으로 불리고 있습니다.

그런데 과거 우리나라 공무원들이 일본의 제도를 베끼는데 익숙해 있었는지, 고속도로라는 용어도 일본에서 사용하는 것을 아무 생각 없이 받아들였습니다. 그리고 고속도로라는 이름 때문에 마치 그곳에서는 고속교통이 가능하고 다른 곳에서는 고속교통이 가능하지 않은 것 같은 착각을 일으키고 있습니다.

독일에서는 고속도로를 아우토반(Auto=자동차, Bahn =도로)이라고 부르고, 미국에서는 주를 연결한다고 해서 인터스테이트(Interstate=주간도로)로 부릅니다. 독일에서는 자동차만 다니는 길이라는 개념이 강하고, 미국에서는 주와 주를 바로 연결해 주는 길이라는 개념이 강합니다. 이렇게 대부분의 나라에서는 '자동차가 저속교통 수단이나 교차로와 같은 교통의 방해요소 없이 목적지까지 바로 갈 수 있는 도로'라는 개념을 도로의 이름에 반영하고 있습니다.

이들 나라에서 고속도로의 이름에 고속이라는 개념을 반영하지 않고 있는 것은 자동차 자체가 고속교통 수단임을 인식한 결과라고 하겠습니다. 사실 자동차는 고속도로에서만 고속교통을 하는 것이 아니라 복잡한 도심이나 지방도로를 불문하고 고속교통에 이용됩니다. 우마차의 속도로 다니려고 자동차를 구입하는 사람은 없을 테니까 말입니다.

도로교통법에서 규정하는 최저 제한속도를 보면 저속과 고속의 기준을 명확히 알 수 있습니다. 고속도로와는 달리 일반도로에서는 최저 제한속도가 없습니다. 세종로를 우마차가 시속 2~3km 정도의 속도로 가더라도 상관없으며 천천히 가는 우마차보다 먼저 가고 싶다면 속도가 빠른 자동차가 안전한 방법으로 앞질러 가야 합니다.

그러나 고속도로는 자동차의 고속교통에만 이용되는 곳이기 때문에 최저 제한속도를 규정하고 있습니다. 도로교통법시행규칙 제19조 제1항 제2호에 따르면 자동차전용도로의 최저속도는 시속 30km로 규정하고 있으며, 같은 항 제2호에 따르면 편도 1차로 고속도로의 경우 시속 40km, 편도 2차로 이상의 고속도로의 경우 시속 50km로 규정하고 있습니다. 도로에 따라서 시속 30km부터 시속 50km까지를 최저 제한속도로 지정하고 있음을 알 수 있습니다.

그러니까 짐을 가득 실은 화물차가 편도 2차로인 경부고속도로를 시속 60km로 주행하고 있다면 최저속도를 10km나 초과하여 고속주행 중인 것입니다. 목적지에 도착한 같은 차량이 짐을 내려놓고 국도를 시속 70km로 달린다고 가정할 때, 일반도로에서 주행하는 것이니 고속주행이 아니라고 말할 수는 없습니다.

여기서 우리는 헌법재판소에서 고속도로는 고속교통에 이용되는 곳이므로 안전을 고려해 볼 때 이륜차의 통행을 금지한 법 규정이 타당하다는 결정을 내린 것을 두고 알 수 있는 것이 있습니다. 재판관들이 고속교통이나 일반교통의 개념을 이해하지 못하고 있다는 사실입니다.

헌법재판소의 논리가 옳다면, 일반도로에서 다른 자동차들과 함께 고속교통에 사용되고 있는 이륜자동차에 대하여 통행을 금지하지 않는 이유를 설명할 수 없습니다. 또는 고속교통으로 인한 이륜자동차의 위험을 없애기 위해 모든 일반도로에서 이륜차의 운행을 금지하는 법의 제정이 가능해졌다고도 할 수 있습니다.

고속도로가 있는 대부분의 국가에서 이륜자동차의 고속도로 진입을 금지시킨 적이 없습니다. 우리나라 대만, 필리핀과 같이 독재정권을 경험한 나라들에서 통행을 금지시킨 사례가 있었으나, 대만이나 필리핀에서도 몇 해 전에 법원의 판결로 통행이 재개되었습니다.

이륜자동차에게 고속교통을 허용하지 않기 위해서는 이륜자동차의 제작이나 판매 자체를 중단시켜야 가능합니다. 이륜자동차가 없어졌으면 좋겠는데 도저히 제작이나 판매를 중단시킬 수는 없고, 일반도로에서 얼씬거리는 것을 막을 수는 없지만, 고속도로에서만이라도 눈에 안 띄었으면 좋겠다는 재판관들의 편견으로 비롯된 결정은 아닌지 이륜차를 사용하는 국민들은 의심하고 있습니다.

가까운 장래에 이륜차에 대한 차별법이 정부나 국회의 입법으로 폐지된다면 다행이지만, 차별이 계속 시행되고 있어서 또 다시 헌법소원이 제기된다면, 헌법재판소가 이런 의심에 대하여 적절한 답변을 해야 한다고 이륜차 사용자들은 생각하고 있습니다.

헌법재판관 중에서 보충의견을 낸 재판관들은 이륜자동차의 무질서를 거론하면서 "일반자동차 운전자를 포함한 많은 국민들이 이륜자동차 운전자들의 이러한 운전행태로 인한 사고위험에 대하여 깊은 우려와 많은 경계를 하고 있는 실정이다."라고 언급하고 있습니다.

다수 국민에게 존재하는 이륜차에 대한 부정적 인식이 결정에 영향을 미쳤음을 함축하는 대목입니다. 저는 적어도 이륜차가 무질서하며 위험하다고 염려하는 국민들의 시선이 있다는 부분을 공감하고 있습니다.

다음에 인용한 것은 이륜차의 고속도로 통행문제에 대하여 한 인터넷 클럽의 회원들이 댓글을 단 것입니다.

××× : 고속도로에서 이륜차 가능하다는 건가요? 전 반대하는 입장입니다. 안 그래도 좁고 차가 많아 복잡한 도로사정에 바이크까지 끼인다면……. 생각만 해도 아찔하네요. 우선 저부터도 바이크 운전을 하면 기본속도 우습게 넘기죠.

△△△: 고속도로에 이륜차 통행을 허용한다는 건가요? 폭주족들 물 만났다고 신나하겠군요……. 전 절대 반대입니다. 일반도로에서조차도 이륜차 상당히 위험합니다. 고속도로에서까지 위험한 이륜차로 인해 아찔한 경험을 하고 싶지 않습니다.

ㅁㅁㅁ: 고속도로 바이크 해제는 위험합니다. 오토바이 특성상 사각지대에 자주 놓이기 때문에 미처 보지 못하고 끼어들기를 하게 되면 바이크 운전자는 못해도 최사 사망입니다.

☆☆☆: 그렇죠. 사륜차도 엉터리 운전자가 많지만 차이는 사륜차는 대부분은 괜찮은데 일부가 개판이고, 이륜차는 대부분이 개판이고 일부가 괜찮다는 것이 차이지요.

○○○: 오토바이가 고속도로에 통행가능하다면……, 와 이거 미친 짓이지…… 죽으려고 환장한 짓이지…… 명절 휴가 때 가관이겠구만…… 차 막히면 오토바이타고 요리조리 빠지면 되겠네…… 그러다 차에 치여서 죽고…….

헌법재판관이나 많은 사륜차 운전자들의 생각과는 달리 이륜차 운전자들은 "우리나라에서는 어떤 차종이라고 해도, 교통질서에 대하여 다른 차종을 비난의 대상으로 삼을 수 있을 만큼 성숙된 질서의식을 가진 운전자로 구성된 차종은 존재하지 않는다."라고 생각합니다. 이것은 터무니없이 사륜차 운전자의 질서의식을 폄훼하는 주장이 아닙니다. 서울이든 부산이든 비디오 녹화기와 함께 1시간 정도의 시간만 준다면, 승용차를 비롯한 사륜 자동차의 교통법규 위반사례를 셀 수도 없을 만큼 촬영하여 증거로 제시할 수도 있습니다. 자신들의 교통질서 의식도 변변치 않으면서 다른 차종의 질서의식을 비난하며 인간의 권리를 박탈하겠다고 하는 것은 위선과 교만이라고 규정해도 지나친 말이 아닙니다.

위에 인용한 댓글들은 욕지거리나 부적절한 표현을 사용하지 않은 것을 선별한 것입니다. 욕지거리를 동원한 글이든 이성적으로 쓴 글이든, 위와 같은 사륜차 운전자들의 신경질적인 반응을 분석해 보면 이륜차의 고속도로 통행을 반대하는 것에 합리적인 이유가 있는 것이 아님을 알 수 있습니다.

가뜩이나 복잡한데 귀찮게 이륜차까지 들어오는 것이 싫다는 것이며, 자신들이 위험을 느끼기 보다는 이륜차 운전자가 죽을 것이기 때문에 위험하다는 논지가 대부분입니다. 무식하면 용감하다고 하니 불합리한 것이라고 해도 일반인이 주장하는 것은 이해할 수 있습니다. 그러한 생각을 억지로 바꾸게 할 수단도 없고 표현의 자유에 속하는 부분이기 때문입니다.

그러나 헌법재판관들이 합리적이지 않은 다수의 여론에 따라서 인권을 침해하는 결정을 내린다면 탄핵을 받아 마땅한 일입니다. 헌법재판소는 여론조사기관이 아니라 헌법이 말하는 자유와 평등, 인간의 존엄성과 같은 가치를 선언하는 기관이기 때문입니다. 사회를 구성하는 다수의 사람들이 생각하는 불합리한 관념이 법제화되어 소수에 대한 차별이나 억압을 시행하고 있다면, 헌법재판소는 마땅히 다수의 반대를 무릅쓰고 차별의 폐지를 선언해야 하며 그것이 그들의 임무입니다.

8. 위험의 종류

우리는 온갖 위험 속에서 살고 있으며, 삶 자체가 위험의 연속이라고 해도 지나친 말이 아닐 것입니다. 사람이 태어나는 출산과정부터 위험하기 짝이 없습니다. 옛날에는 젊은 여성의 가장 큰 사망원인이 출산이었다고 합니다. 의료기술이 발달한 현대에도 출산 중에 사망하는 산모가 있으며, 영아사망률이라는 수치가 있다는 것 자체가 갓 태어난 아기들이 어른으로 성장하는데 여러 가지 위험을 넘어야 함을 의미합니다.

우리 주변을 돌아보면 많은 위험 요소가 있음을 알 수 있습니다. 부엌에 가면 생명을 앗아갈 수도 있는 칼이 비치되어 있고, 가스기기를 잘못 다루면 대형 참사를 불러올 수도 있습니다. 승강기 사고, 자동차 사고 등 위험의 종류를 열거하자면 셀 수도 없습니다.

그러한 위험을 우리는 몇 가지 종류로 나눌 수 있습니다. 위험은 통제 가능한 위험과 통제 불가능한 위험으로 나눌 수 있으며, 막연한 위험과 명백한 위험으로도 나눌 수도 있습니다.

태풍이나 지진과 같은 자연재해는 아직 인간이 통제할 수 있는 위험이 아닙니다. 강력한 태풍이 발생하였다면 시설물을 고정하고 대피하는 것이 상책입니다. 지진도 인간이 통제할 수 없으므로 미리 건물을 튼튼하게 짓고 강력한 지진이 없기를 기도하는 수밖에 없습니다.

그런데 인간의 문명 활동과 관련된 대부분의 위험은 통제가 가능한 위험에 속합니다. 칼에 베이면 심하게 다칠 수도 있지만, 칼을 어린아이의 손에 닿지 않게 하고 어른들이 사용 목적에 따라서 바르게 쓸 수 있게 통제한다면 유용한 문명의 이기가 됩니다.

비행기가 추락하면 승객의 대부분이 사망하는 대형 참사가 발생합니다. 그럼에도 불구하고 많은 사람들이 비행기로 여행을 하는 것은 비행기를 규정에 따라서 정비하고 안전수칙을 준수하여 운항한다면, 위험을 통제하고 사고를 피할 수 있다고 믿기 때문입니다. 아무리 정비를 잘하고 안전수칙을 지켜도 추락을 피할 수 없다면 비행기 여행은 존재할 수 없습니다.

우리는 공군 전투기가 추락하였을 때 같은 기종의 전투기에 대하여 운항을 금지하였다는 보도를 접하곤 합니다. 동종의 전투기에 대하여 운항을 금지하는 것은 전투기의 추락원인을 모르는 상태에서는 위험을 통제할 수 없기 때문입니다.

신속히 추락한 전투기를 회수하여 사고 원인을 밝혀내고, 사고 원인이 기체결함이 아니라는 판단이 내려져야 다시 비행이 허가됩니다. 기체의 결함으로 판단될 경우 동종의 전투기

기체에 대한 결함이 시정되어 비행의 위험이 통제 가능한 범위에 들어올 때까지 운항은 허가되지 않습니다.

이렇게 위험이 통제 가능한지 여부에 따라서 우리는 그 위험을 피하거나 감수하거나 합니다. 자동차를 운행하는 것도 위험이 수반되는 일이지만, 자동차 안전에 관한 규칙에 맞게 제작된 자동차를 잘 정비하고 법규를 지키며 운행함으로써 그 위험을 통제할 수 있습니다.

대한민국 정부는 이륜자동차의 운행으로 인한 위험을 통제 가능한 범위에 두기 위하여 일정한 성능의 이륜자동차만을 제작하도록 법으로 규제하고 있으며, 이론과 기능시험을 통과한 사람들에게만 이륜차를 운전하도록 운전면허 제도를 운영하고 있습니다. 안전에 관한 규칙에 적합한 이륜차를 운전면허가 있는 사람만이 운전하도록 위험을 통제하는 것입니다.

그런데 국가가 안전하다고 승인해 준 이륜자동차를 국가로부터 면허를 받은 운전사가 운행하고 있음에도 불구하고, 고속도로에 들어서면 갑자기 통제 불가능한 위험에 빠지는 것처럼 호들갑을 떠는 것은 논리적으로 맞지 않습니다.

　이륜자동차가 구조적으로 통제 불가능한 위험에 속해 있다면 국가는 마땅히 일반도로에서의 운행도 중단시켜야 합니다. 지금 이륜자동차 사용자들로부터 자동차세를 거두어들이고 일반도로에서 운행하도록 하는 것 자체가 이륜자동차의 위험이 다른 자동차와 마찬가지로 통제 가능한 범위 속에 있음을 보여주는 것입니다.

　그리고 통제가 불가능한 위험이 존재한다는 명백한 증거가 없음에도 특정한 도로에서 이륜자동차의 운행을 전면 금지하는 것은 자동차세를 납부한 국민의 권리를 부당하게 침해하는 것입니다.

　위험은 또한 막연한 위험과 명백한 위험으로 구분할 수 있습니다. 사람이 걷다보면 넘어질 수도 있으며, 넘어질 경우 안 다칠 수도 있지만 심하게 다칠 수도 있습니다. 하지만 걷다가 넘어져 심하게 다칠 수 있는 가능성이 있기 때문에 걷기를 포기하는 사람이 없는 것은 그럴 가능성이 아주 적은 막연한 위험에 속하기 때문입니다.

그런데 종종 막연했던 위험이 명백한 위험으로 바뀌는 경우가 있습니다. 평소에 별 탈 없이 다녔던 비탈길이라고 해도 비바람이 몰아치는 어두운 밤이라면, 실족할 수 있는 명백한 위험으로 다가 올 수도 있는 것입니다. 막연한 위험이 명백한 위험으로 바뀌는 경우를 대비하여 도로교통법은 다음과 같은 규정을 두고 있습니다.

"경찰공무원은 도로의 파손이나 화재 그 밖의 사정으로 인한 도로에서의 위험을 방지하기 위해서 차마나 보행자의 통행을 금지하거나 제한할 수 있다"(도로교통법 제6조 제4항). 이 규정은 막연한 위험이 명백한 위험으로 바뀌었을 때 경찰공무원이 취할 수 있는 조치의 근거입니다.

정상적인 상태에서 자동차를 이용하여 서울에서 부산까지 운행하는 경우 교통사고를 당할 확률은 몇 만 분의 일에 지나지 않습니다. 그런 막연한 위험을 근거로 경찰이 자동차 통행을 전면 금지한다면 운전자들의 거센 항의에 직면할 것입니다.

그러나 태풍이나 폭우로 도로가 유실되었다면 사정이 달라집니다. 그대로 통행할 경우 사고를 당할 위험이 명백해지면, 경찰은 도로를 통제하고, 운전자들은 경찰의 지시에 따라서 우회로를 이용합니다.

우리는 흔히 이륜차를 위험한 교통수단이라고 부릅니다. 물론 이 세상에 안전한 교통수단이 존재하지 않으니 맞는 말이지만, 단순히 위험하다는 이유가 통행금지의 정당성까지 부여하는 것은 아닙니다. 이륜자동차를 규정대로 정비하고 안전수칙을 지키면서 운행한다면, 이륜자동차의 위험은 통제 가능한 위험에 속하게 됩니다. 사륜차든 이륜차든 아무리 정비를 잘하고 법규를 준수해도 고속도로를 운행하다 사고를 당하는 경우가 있을 수 있습니다. 그러나 그러한 경우는 몇 만 대 중에서 한 대가 당할 수 있는 정도의 막연한 위험에 속합니다. 막연한 위험을 근거로 권리를 박탈하는 것을 우리는 인권침해라고 말합니다.

과거 독일의 나치 정권은 유태인들이 독일 사회를 위험하게 만든다는 막연한 이유로 게토에 격리하거나 강제수용소에서 학살했습니다. 유태인이 독일 사회에 명백히 해가 된다는 증거가 없었지만, 다수 독일인들의 마음속에 존재하던 유태인 혐오증을 나치가 이용한 것입니다.

헌법재판소는 이륜자동차의 고속도로 통행규제라는 차별을 정당하다고 말하면서 그 이유로 막연한 위험을 내세웠습니다. 그 막연한 위험이란 것이 우리사회에 존재하는 이륜차 혐오증을 대변하는 것일 수 있습니다. 그리고 그것은 대한민국 국민이 차별받아서는 아니 된다는 헌법의 가치를 훼손하는 것입니다.

일부에서는 헌법재판소가 이륜자동차의 고속도로 통행금지에 대한 헌법소원을 기각한 것을 두고 안전을 최우선으로 고려한 올바른 결정이라고 두둔하고 있습니다.

우리가 공사장이나 산업현장에서 '안전제일'이라는 표어를 흔히 볼 수 있고, 대부분의 사람들이 안전제일이라는 개념에 동의하고 있으니 언뜻 맞는 말 같습니다.

그런데 한 번 뒤집어서 생각해 보겠습니다. 공사를 하지 않으면 공사장의 안전사고는 발생하지 않을 것이니 정말 안전이 제일이라면 공사를 중단하는 것이 마땅합니다. 하지만 안전이 제일이라고 말하는 사람들 중에서도 공사를 중단함으로써 안전을 확보하자는 주장은 하지 않습니다.

사실 인류문명은 위험을 통제하고 최소화하려고 노력하고 있을 뿐 그것을 완전히 제거하지는 않고 있습니다. 안전제일이란 인류문명의 유지를 전제한 이후에 다른 것보다 우선적으로 고려하자는 구호일 뿐입니다.

화재사고를 막기 위해서 모든 불씨 사용을 중단한다면, 화마로부터의 안전은 지켜지겠지만 의식주를 비롯한 문명의 기반은 붕괴될 것입니다. 교통사고로부터 안전을 확보하기 위해서 모든 도로를 걷어 내고 자동차의 통행을 금지시킨다면, 교통사고를 원천적으로 방지하고 안전을 확보할 수 있지만 문명을 지탱하는 수송기능이 붕괴될 것입니다.

고속도로에서 사고를 방지하기 위해서 통행을 원천적으로 차단한다는 황당한 발상이 관료주의에 찌든 행정직 공무원으로부터 나온 것은 어느 정도 이해할 수 있는 부분입니다. 하지만 헌법재판소가 이런 단세포적 발상으로부터 출발한 정책을 지지하고 나선 것을 이륜자동차 사용자들이 공감하기란 불가능합니다.

그것은 위험이란 어느 도로에서든지 있기 때문입니다. 위험하기 때문에 이륜차의 고속도로 통행을 금지하는 것이 옳다면, 그것에 대응하는 일반도로는 이륜차를 운행함에 있어서 고속도로보다 안전하다는 근거가 있어야 합니다. 만약에 일반도로가 고속도로보다 더 위험하다면 헌법재판소에서는 위험하다는 논리를 내세워 이륜자동차를 더욱 위험한 장소로 몰아냈다는 비난을 피할 수 없을 것입니다.

자동차를 운전하여 서울에서 부산까지 고속도로를 주행한다고 가정하겠습니다. 경부고속도로 입구에 진입한 자동차는 출구로 빠져 나갈 때까지 같은 방향으로 주행하는 자동차들만 만나게 됩니다. 앞서가는 차와 안전거리를 유지하고 제한속도를 지켜서 운행한다면 별다른 위험요소 없이 부산까지 갈 수 있습니다.

반면에 국도로 부산까지 간다면 수많은 위험요소를 극복해야 합니다. 곳곳에 있는 횡단보도, 교차로, 길가에 주차된 차량, 무단횡단하는 보행자, 급경사 구간이나 급회전 구간, 중앙분리대가 없는 곳에서의 유턴 차량 등, 운전자가 회피해야 할 위험요소는 셀 수도 없이 많습니다.

앞에 열거한 일반도로의 위험요소가 이륜차에게 치명적이므로 선진국에서는 약간 우회하더라도 고속도로를 이용하도록 권장하고 있습니다.

이러한 사정을 감안해 보면, 헌법재판관들이 일반도로를 이용할 수 있다며 이륜차에 대한 고속도로 통행금지가 정당하다고 한 것은 "위험하니까 더 위험한 길로 가라"라는 황당한 결정이라고 아니 할 수 없습니다.

헌법재판소는 결정문에서 "이륜차의 구조적 특성에서 비롯되는 사고위험성과 사고결과의 중대성에 비추어 이륜차 운전자의 안전 및 고속도로 등 교통의 신속과 안전을 위하여 이륜차의 고속도로 등 통행을 금지할 필요성이 크다."라고 밝히고 있습니다.

사고위험에 대하여는 앞에서 언급하였으므로 이 대목에서는 사고결과에 대하여 살펴보고자 합니다. 헌법재판소는 이륜차 사고결과의 중대성에 비추어 통행을 금지해야 한다고 생각하고 있습니다. 그러나 이륜차 사고결과의 중대성은 다른 자동차와 비교하여 가장 낮다고 할 수 있습니다.

고속도로는 신호등이 없고 중앙분리대가 설치되어 있으므로 신호위반이나 중앙선 침범으로 인한 사고는 거의 발생할 수 없습니다. 모든 자동차가 같은 방향으로만 진행하는 고속도로에서 흔히 발생하는 사고는 차로변경 중에 발생하는 충돌과 안전거리 미확보로 인한 추돌사고를 들 수 있습니다.

이륜차가 안전거리를 확보하지 않아서 앞서가던 승용차나

화물차 혹은 버스를 추돌한다고 해도 이륜차를 탄 사람이 사상 당하는 것 이외에 대규모 인명피해가 발생할 가능성은 거의 없습니다. 이륜차가 대형버스를 추돌하여 많은 승객들이 죽거나 다치는 사고가 발생한 사례는 전혀 없지만, 대형화물차가 관광버스를 추돌하여 대규모 인명피해를 발생시킨 사례는 셀 수 없이 많습니다.

물체의 질량이 클수록 충돌할 때 방출되는 에너지가 크기 때문에 피할 수 없는 결과입니다. 100kg~300kg 정도의 질량을 가진 이륜차와 10,000kg~25,000kg 정도의 질량을 가진 버스나 화물자동차가 충돌할 때 발생하는 에너지의 양은 비교할 수조차 없습니다.

이런 과학적 근거를 바탕으로 사고결과의 중대성을 감안한다면 대형버스와 화물차의 통행금지 조치가 우선적으로 필요하다고 할 수 있습니다.

어떤 자동차와 비교해도 사고 결과의 중대성이 높지 않은 이륜자동차가 고속도로에서 퇴출된 것은 현실적 위험 때문이 아니라 이륜차에 대한 편견이 만들어 낸 심리적 위험이라고 할 수 있을 것입니다.

그리고 위 문장에서 '이륜차 운전자의 안전'을 위하여 통행금지의 필요가 있다는 표현은 이륜차 운전자들을 모욕하는 것입니다. "사고결과의 중대성이란 이륜차를 운전하는 너희들이 다치는 것을 막기 위함이란다."라고 훈계하고 있기 때문입니다.

마치 고양이가 쥐 생각해 주는 것처럼 들리기도 하는 이 표현은 이륜차를 사용하는 국민들을 일상적 위험마저 통제할 수 없는 어린아이로 취급하고 있습니다. 깊은 우물 근처에 어린이가 가지 않도록 출입을 통제하는 것은 어린이들이 위험을 인지하고 대처하는 능력이 떨어지기 때문입니다. 그러나 어른이 물을 길으려는데 위험하다는 이유로 접근을 통제한다면 "너나 잘 하세요"라는 핀잔을 듣게 될 것입니다.

만18세 이상의 성인이 되어야만 2종 소형 운전면허를 취득하여 이륜자동차를 운전할 수 있습니다. 그것은 전 세계 어디에서나 자동차를 운전할 수 있을 만큼 성장했다는 것을 의미합니다.

헌법재판소가 이륜차를 사용하는 국민을 어린아이로 취급하는 표현을 거리낌 없이 사용하는 것은 자신들이 국민을 훈계하는 위치에 있다고 생각한 결과가 아닌지 의심되는 부분입니다.

존 스튜어트 밀은 『자유론』에서 다음과 같이 썼습니다. "우발적인 사고를 방지하는 것도 당국자의 정당한 직무이다. 공무원이나 다른 누군가가 확실히 위험하다고 인정되는 다리를 건너려는 사람을 보았을 때, 게다가 그 사람에게 다리가 위험하다는 사실을 알릴 시간적 여유마저 없을 때, 그를 붙잡아 되돌아오게 하는 것은 실제로 그 사람의 자유를 침해한 것이 아니다. 왜냐하면 자유는 자기가 원하는 것을 하는 것인데, 그 사람은 강물에 떨어지는 것을 원하지는 않기 때문이다.

그러나 재해가 있을지 확실치 않고 두려움만이 있을 때 감히 그러한 위험을 저지를만한 동기가 있는가의 여부를 판단할 수 있는 사람은 당사자 이외는 없다.

그러므로 이러한 경우에 — 그가 어린아이나 정신착란자도 아니며 충분히 사고할 수 있는 능력이 없을 정도의 흥분상태나 망아의 상태에 있지 않는 한 — 당사자에게는 위험을 경고해 주는 데 그쳐야 하며, 그가 위험한 행위를 스스로 감행하려는 것을 강제적으로 저지시킬 것은 아니라고 생각한다."(정영하 역, 산수야, 2005)

즉, 관리들이 이륜차가 고속도로로 통행하는 것을 위험하다고 생각한다면, 고속도로 진입로에서 이륜차 사고의 위험성을 경고해 주는 것으로 족하며, 고속도로로 통행할지 일반도로로 우회할지는 시민이 판단할 문제라는 말입니다. 밀의 생각과는 달리 우리사회는 시민이 판단할 사항에 속하는 많은 것들을 관료들이 판단하고 있다는 것을 이륜차에 대한 규제의 사례로도 알 수 있습니다.

9. 이름표 소송

이름은 가장 기본적인 개인정보이기도 하지만, 그 사람의 인격을 떠올리게 해주는 상징이기도 합니다. 그러한 까닭에 우리는 다른 사람의 이름을 함부로 부르는 것을 삼갑니다. 통성명을 했다고 해도 어느 정도 친해진 후에야 서로의 이름을 부를 수 있습니다. 모르는 사람이거나 낯선 사람의 이름을 부를 때는 반드시 이름 뒤에 '씨' 또는 '님'이라는 존칭을 붙여서 부릅니다. 이름을 함부로 부르는 것은 그 사람의 인격을 무시하는 일이기 때문입니다.

많은 사람들이 부모로부터 물려받은 이름을 빛내기 위해서 열심히 일합니다. 또한 적어도 그 이름을 더럽히지 않으려고 말과 행동을 조심합니다. 이름은 그저 세 음절로 이루어진 소리가 아니라 그의 인격이고 존엄성을 갖춘 인간임을 나타내고 있기 때문입니다.

그리고 우리는 상대방의 이름을 쉽게 알 수 있도록 하기 위해서 이름표를 달기도 합니다. 동창회 모임에서는 오랜만에 만나는 선후배들이 쉽게 알 수 있도록 '제70회 홍길동'이라고 쓴 이름표를 겉옷에 붙이고 모임에 참석하기도 하며, 호텔과 같은 서비스업 종사자들은 고객들이 쉽게 알 수 있도록 이름표를 달기도 합니다. 동창회 참석자들이나 특정 고객을 상대하는 서비스업 종사자들이 자신들의 필요에 의해서 이름표를 다는 것을 문제 삼을 일은 아닙니다. 또한, 자기의 이름을 알리고 싶어서 옷의 이곳저곳에 이름표를 달고 다니겠다면, 누구도 간섭할 일이 아닙니다.

　이름표 소송은 자신의 이름을 불특정다수인에게 공개하는 것이 싫다는 사람에게 이름표를 강제로 달게 할 수 있는가가 본질적 다툼이었습니다.

　피고 측에서는 이름표가 경찰복제에 관한 규칙에 규정되어 있으므로 규정위반이며 징계가 타당하다는 주장이었고, 원고인 저는 그러한 규정이 헌법에서 정한 인간의 존엄성과 행복추구권을 침해하고 있으며, 인간의 기본권을 법률이 아닌 규칙으로 제한하는 것이 헌법에 위반되므로 효력을 인정해서는 아니 되므로, 무효인 규정을 근거로 한 징계는 취소되어야 한다고 주장하였습니다.

　우리나라에서는 학생이나 군인, 경찰 등과 같이 제복을 입는 사람들에게 이름표를 달도록 강제하고 있습니다. 이름표를 달도록 강제할 때는 그것이 꼭 필요한 것인지에 대한 고려와 개인의 인권을 침해할 위험이 없는가에 대한 고민이 있어야 합니다.

　그렇지만 우리사회는 위와 같은 고려 없이 그저 관행적으로 이름표를 달도록 강제하고 있습니다. 수십 년 동안 그렇게 해왔기 때문에 특정 계층의 사람들이 이름표를 다는 것을 대부분의 국민들도 당연하게 여깁니다.

　하지만 군복이나 교복에 이름표를 달기 시작한 것이 비교적 최근의 일이었다는 것과 대부분의 나라에서는 이름표를 달지 않는다는 사실(달더라도 이름은 기재하지 않고 성만 기재함)을 아는 사람은 많지 않습니다.

　우물 안 개구리 효과라고 말할 수 있겠습니다만, 우리나라 사람들은 이름표를 달지 않는 군복이나 교복을 보지 못했기 때문에 제복에는 반드시 이름표를 달아야 하는 것으로 인식하고 있습니다.

　그러나 일제시대에 촬영된 사진이나 영상을 살펴보면 군복이나 학생복에 이름표를 찾아 볼 수 없습니다. 조선시대 이전의 군복에 이름표를 달았다는 기록이 전해지지 않으니 결국 이름표는 광복 이후 어느 시점에서부터 군복과 교복에 붙이기 시작했음을 짐작할 수 있습니다.

정확히 언제부터 군인의 제복에 이름표를 달았는가 하는 궁금증을 풀기 위해서 이름표를 부착하는 근거 규정을 살펴보았습니다. 대통령령인 '군인복제령'이나 '군인복무규율'의 연혁을 살펴보면 알 수 있을 것으로 기대하였지만, 현재 시행중인 군인복제령이나 군인복무규율의 어디에도 이름표에 관한 규정이 없었습니다.

군인복제령에서 '군복'이라 함은 군모 · 제복 · 군화 · 계급장 · 표지장 및 예식도 등이라고 규정하고 이에 대한 자세한 제식을 규정하고 있었습니다. 하지만 이름표를 군복에 달아야 한다는 규정은 발견할 수 없었습니다. 경찰관의 경우에는 '경찰복제에 관한 규칙'에 이름표를 제식의 일부로 정해 놓았는데, 군인들의 경우에는 이름표를 관행으로 달고 있거나 언제였는지 모르지만, 국방부장관의 지시 같은 것을 근거로 달고 있는 것이라는 생각이 들었었습니다.

경찰의 제복에는 1998년 7월 13일부터 경찰청장의 지시로 이름표를 달고 있습니다. 이후 경찰청에서는 경찰복제에 관한 규칙을 개정하여 이름표를 제식에 추가하여 이름표 패용의 근거로 사용하고 있습니다.

저는 경찰관으로 재직 중이던 2006년 3월경에 경찰제복에서 이름표를 뗀 적이 있었습니다. 지금도 마찬가지이지만, 술에 취해 싸워서 지구대에 연행된 사람들 중에서 경찰관의 이름표를 보고 "야! 김○○"라고 이름을 불러대는 경우가 흔했기 때문입니다.

앞에서도 언급했듯이 낯선 사람의 이름을 함부로 부르는 것은 삼가야 하는 일이지만, 취객들에게 그런 예의를 기대하기는 어렵습니다. 술에 취해 싸워서 동행된 사람들이 동영상 촬영기능이 있는 휴대전화로 경찰관의 얼굴과 이름표를 번갈아 촬영하며 인터넷에 올려서 망신을 주겠다며 주정을 부리곤 합니다.

저는 인간으로서의 존엄함을 훼손해 가면서까지 불특정다

수인에게 이름을 공개하는 것에 대하여 깊이 생각해 보았고, 누구도 내 이름을 함부로 공개하도록 강요할 수 없다는 결론에 이르렀습니다. 저의 이름은 저의 것이며, 그것을 공개할 것인지에 대한 판단은 전적으로 제가 내려야 한다는 것입니다. 경찰청장이라고 할지라도 저에게 이름을 공개하도록 강요할 수 없다는 생각에 이르렀습니다.

이런 판단에 근거해 이름표를 달지 않았지만 후에 있었던 저에 대한 징계사유에 경찰제복에 이름표를 달지 않은 행위가 추가되었습니다. 물론 이 소송에서 법원은 저의 주장을 받아들이지 않았습니다. 하지만 저는 법원의 판결문을 읽으면서 법관들이 언제나 정의나 인권 편에 서는 것이 아니라는 것을 알 수 있었습니다.

다음은 2007구합31614호로 진행된 행정소송의 판결문에서 이름표에 관한 부분만 발췌한 것입니다.

다. 인정사실

(6) 대한민국 경찰은 국민의 정부 시대를 맞아 경찰청장 이하 전 경찰관이 이름표를 패용함으로써 민주경찰로 거듭나기 위한 노력과 의지를 국민에게 선언하여, 잔존하고 있는 불친절, 불공정 등 각종 폐습을 일소하고 국민 신뢰도를 높이고자 하는 목적 하에 1998. 7. 13. 전 경찰공무원을 대상으로 이름표 패용을 지시하고 같은 해 9. 12. 경찰복제에관한규칙 제10조 [별표7]을 개정하여 이름표를 부속물로 지정하여 시행하고 있다.

(7) 원고는 이름표를 패용하고 근무하던 중 2006. 3.경 주취자로부터 자신의 이름이 불리자 이름표 때문에 자신의 인격권이 침해당하고 있다는 생각으로 근무복에 부착된 이름표를 떼어버리고, 2006. 10.경까지 이름표를 달지 않은 채 근무하였다.

(8) 이름표 패용에 관하여 경찰 내부에서도 반대 의견이 다수 표출되므로, 2007. 1. 29. 경찰청 감사관실에서는 이름표 부착에 관한 의견을 널리 수렴하고 순기능과 역기능을 다각도로 조사, 검토한 결과, 행정의 공개·투명성과 실명제 강화 추세 및 경찰서비스의 고객인 시민들에 대한 친절봉사와 신뢰회복 요청에 부응하여 현행대로 유지하되 향후 다시 논란이 제기될 경우 재검토한다는 결론을 내렸다.

라. 판단

(3) 이름표를 달지 않은 행위에 관한 판단

위 인정사실에 나타난 바와 같이 이름표를 부착하는 규정은 민주경찰의 위상 확립, 대국민 신뢰 제고 등 그 목적의 정당성이 인정되고, 그로 인한 부작용이 경찰공무원 개인의 기본권을 본질적으로 침해한다거나 목적 달성에 필요한 범위를 넘는 과도한 제한이라고 보이지 않는 점, 근무 중 이름표를 부착할 것인지, 이름 전체를 표기할 것인지 아니면 일부만을 표기할 것인지 등은 경찰 수뇌부에 광범위한 재량권이 부여되어 있는 정책적 판단에 관한 사항인 점, 경찰 내부에서도 다양한 의견 수렴을 통하여 합리적인 결론을 도출하기 위하여 노력 중인 점, 경찰조직 구성원 개개인이 자기 마음에 들지 않는다고 마음대로 규정에 위반하여 행위 한다면 경찰 본연의 기능과 임무를 효과적으로 수행할 수 없고, 그 존립까지도 위태롭게 될 수 있는 점 등의 사정에 비추어 보면, 원고가 임의로 이름표를 달지 않은 것은 공무원으로서의 성실의무, 품위유지의무 및 지시명령을 위반한 행위에 해당한다고 할 것이므로, 원고의 이 부분 주장은 이유 없다.

위와 같은 내용을 읽다보면 이러한 판결문을 민주국가의 판사가 쓴 것인지, 왕조시대의 판관이 쓴 것인지 분간하기 어렵습니다. 사람의 인격을 심각하게 훼손할 수 있으며, 범죄에 이용될 수도 있는 개인정보의 무분별한 공개가 인간의 기본권을 본질적으로 침해하지 않는다고 판결하였기 때문입니다.

물론 판결문에서는 '경찰공무원 개인의 기본권'이라고 애써 희석해서 적고 있습니다. 판결문을 작성한 판사가 그 같이 표현한 데에는 '인간의 기본권을 본질적으로 침해하지 않는 것'으로 표현하기가 민망했기 때문으로 추측됩니다.

하지만 경찰공무원을 인간의 범주에서 제외한다면 모를까 인간의 기본권과 경찰공무원 개인의 기본권은 다를 수 없습니다. 그러므로 위 판결문은 "이름표를 부착하게 하는 것은 인간의 기본권을 본질적으로 침해하지 아니 한다"라는 해석과 다르지 않습니다. 그리고 그것이 의미하는 파장은 엄청난 것입니다.

범죄를 예방한다는 목적의 정당성이 인정된다면 모든 국민의 가슴이나 등에 큼지막한 이름표를 달게 하는 법의 제정도 가능하다는 법관들의 견해를 보여주었으니 말입니다.

여러분의 인격을 침해당하거나 범죄에 이용될 소지가 있어 집을 나설 때 이름표를 달지 않겠다면, 그것은 헌법이 여러분

9. 이름표 소송

에게 보장하는 기본적 권리입니다. 그리고 모든 국민에게 이름표를 달게 하는 법의 제정이 인권을 침해하기 때문에 가능하지 않다면, 제복에 이름표를 달게 하는 것 역시 그것을 입는 사람들의 기본권을 본질적으로 침해하는 것입니다.

독일의 나치정권은 모든 유태인이 노란색 다윗의 별을 겉옷에 붙이고 다니도록 강제하였습니다. 자신의 의지에 반하여 가슴에 노란별을 붙이도록 강제하는 것은 유태인의 권리를 제한하는 첫 번째 조치였습니다. 그 후 박해는 점점 강도가 심해져서 직장에서 쫓아내고, 게토로 거주를 제한하고, 강제수용소에 수용하고, 가스실로 보내 학살하기까지 이어졌습니다.

만약 독일 국민들이 유태인에게 별을 달게 하는 조치가 인권을 침해하는 것이라는 여론으로 나치정권을 압박했다면, 그 다음의 후속 조치가 더디게 시행되었을 것이고, 학살로 희생된 사람들의 수는 크게 줄었을 수도 있었을 것입니다. 중대한 인권침해를 막기 위해서는 가장 작다고 생각되는 인권침해를 없애려고 노력해야 합니다.

그러나 사법부는 아무런 법률적 근거도 없이 경찰청장에게 인권을 침해할 수 있는 광범위한 재량권이 위임되어 있다고 판결하고 있습니다.

사법부가 판결문에서 "경찰조직 구성원 개개인이 자기 마음에 들지 않는다고 마음대로 규정에 위반하여 행위 한다면 경찰 본연의 기능과 임무를 효과적으로 수행할 수 없고, 그 존립까지도 위태롭게 될 수 있다"라고 판단한 것은 일견 타당해 보입니다.

그런데 법원은 규정 가운데에도 경찰 본연의 기능 및 임무와 관련된 규정이 있고, 경찰의 기능 및 임무와 관련이 없는 규정이 있다는 사실을 외면하고 있습니다.

경찰관이 강도행위를 보고도 별다른 조치를 취하지 않아서 시민이 다치고 범죄자가 도망하였다면, 그 경찰관은 이름표를 단 것과 상관없이 경찰 본연의 기능과 임무를 망각했다는 비판을 받을 것입니다. 반대로 위험한 상황을 무릅쓰고 강도범을 체포하여 국민의 생명과 재산을 지켜냈다면, 그 경찰관은 이름표를 달지 않았다고 해도 경찰 본연의 기능과 임무를 잘 수행한 것입니다.

이름표에 관한 규정은 경찰 본연의 기능과 임무를 효과적으로 수행하는 것과 아무런 관련이 없습니다.

또한 원고는 규정이 마음에 들지 않아서 거부한 것이 아니라 규정이 헌법에 위반되고 법률에 근거하지 않았기 때문에 거부한 것입니다. 그러나 판결문을 분석해보면 규정의 불법성은 외면한 채 하위직 경찰관의 규정위반 자체를 부당한 것으로 단정하고, 그가 위반한 규정이 정당한 것임을 변호하는 내용으로 채워져 있음을 알 수 있습니다.

위에서 시키면 시키는 대로 할 것이지 무슨 말이 그렇게 많은지를 개탄하는 판사의 표정이 판결문에 나타나 있습니다.

결국 법원은 경찰관에게 규정이나 지시의 옳고 그름을 판단해서는 아니 되며, 권력자가 옳지 않은 지시나 명령을 내리고 부당한 규정을 만들더라도 무조건 복종해야 한다는 취지로 판결하였습니다.

사법부의 판단과는 달리 경찰관은 프로그램이 입력된 기계가 아니라 인간입니다. 인간은 상황이나 사건을 접했을 때 합리적인 사고로 내용을 분석하고 판단하게 됩니다. 자신에게 내려진 지시가 옳은 것이라고 판단된다면, 인간은 그것을 완수하기 위해서 노력할 것이고 최선의 업무수행 능력을 발휘할 것입니다.

반면에 자신이 수행하는 일이 옳지 않은 것이라고 판단한다면, 적극적인 업무의 수행이나, 높은 업무 성취도를 기대하기 어렵습니다. 그러므로 규정이나 지시는 인간이 받아들일 수 있는 옳음을 담고 있어야 하며, 그것이 민주 경찰을 지휘하는 지도력이라 할 수 있습니다.

그런데 사법부는 지시나 규정이 민주적 가치와 부합하는지 여부와 상관없이 무조건 따라야 한다는 비민주적 견해를 밝히고 있습니다.

사법부가 가진 비민주적 견해의 부작용 중에서 가장 큰 것을 꼽는다면, 경찰조직을 국민에게 봉사하는 조직이 아니라

권력자를 섬기는 조직으로 타락시킬 수 있다는 점입니다.

권력자의 정치적 반대자를 옭아매라는 지시, 국민의 평화적 요구를 억압하라는 명령을 무조건 수행해야 하며, 그러한 부당한 지시나 명령을 거부했을 때, 가혹하게 처벌하는 규정들을 받아들여야 한다면, 권력자는 손쉽게 거대한 경찰조직을 자신의 독재를 도와주는 기반으로 변질시킬 수 있습니다. 그것은 과거 독재정권 시절부터 이어져오는 악습이므로 부연 설명이 필요 없을 정도입니다.

이 같은 판결이 우리에게 알려주는 것이 있습니다. 사법부가 공무원 조직을 국민의 공복으로 굳건히 세울 수 있을 정도의 자유민주주의적 개념을 가지고 있지 못하였다는 불행한 사실입니다.

또한 판결문은 이름표의 패용이 목적 달성에 필요한 범위를 넘는 과도한 제한이라고 보이지 않는다고 밝혔습니다.

그러나 외국 경찰의 사례를 보면 그렇지 않음을 알 수 있습니다. 2007년 1월 29일 경찰청감사관실에서 작성한 이름표 관련 보고서를 참고해 보면 미국, 영국, 일본, 독일, 프랑스 등 5개국 중에서 미국을 제외한 모든 나라에서 이름표를 달지 않는 것으로 되어 있는데, 영국과 일본의 경우 영문과 숫자로 된 고유번호를 부착한다고 합니다.

즉, '홍길동'이라는 이름을 쓰지 않는다고 해도 'QK195'와 같은 개인번호를 부여하면 얼마든지 개인을 식별할 수 있다는 것입니다.

그런데 우리가 생각해야 할 점은 제복을 입고 순찰 중인 경찰관이 자신을 숨길 수 없다는 것입니다. 얼마 전에 마주쳤던 정복 경찰관과 다시 이야기하고 싶다면, 경찰관서를 방문하여 그를 만났던 일시와 장소를 말하기만 하면 됩니다. 그러면 당일 지구대의 근무 일지를 확인하여 어느 경찰관인지 쉽게 찾을 수 있습니다.

그러한 이유로 1998년 이전에 우리나라 경찰이 이름이나 개인 식별번호를 부착하지 않고 근무를 했어도 별다른 불편이 없었습니다. 경찰관이 단속을 빌미로 돈을 뜯어 가거나, 부당하게 법을 집행해서 국민에게 피해를 주었는데 이름표가 없어서 누군지 모른다면, 저는 적극적으로 이름표를 달아야 한다고 주장할 것입니다. 그러나 제복을 입고 있어서 애초에 자신을 숨길 수 없는 경찰관에게 식별번호도 아닌 이름 전체를 공개하도록 강제하는 것은 목적 달성에 필요한 범위를 넘는 과도한 제한이라고 아니 할 수 없습니다.

판결문의 인정사실 (8)을 보면 경찰내부에서 이름표 부착에 관한 의견을 널리 수렴하고 순기능과 역기능을 다각도로 조사, 검토하였다고 평가하였으며, 판단에서는 "경찰 내부에서도 다양한 의견 수렴을 통하여 합리적인 결론을 도출하기 위하여 노력 중인 점"을 감안하였음을 밝히고 있습니다.

경찰청에서 작성한 보고서를 법원에서 고무적으로 평가하였으니 그 보고서에 대한 언급을 하지 않을 수 없습니다.

저는 2006년 12월에 경찰청 홈페이지의 '국관과의 대화방'

에 글을 올린 적이 있습니다. 이름표를 다는 것이 경찰관의 인권을 심각하게 침해하고 있음을 지적하고 이를 시정해 줄 것을 요구한 것입니다. 저의 기억으로는 5일 정도 지나서 "현재로서는 이름표 패용을 중지할 수 없다"라는 취지의 답변이 올랐습니다.

그리고 아무런 조치도 없던 중에 경찰청 감사관실에서 2007년 1월 29일 '외근근무자 명찰부착 관련, 검토 결과보고'라는 문건을 작성하였는데, 대부분의 경찰관이 이런 문건이 작성되었는지 조차 모르고 있습니다.

이 문건의 서두를 보면 2006년 12월에 제가 경찰청 홈페이지에 올렸던 이름표에 대한 문제 제기가 보고서 작성의 이유임을 밝히고 있습니다.

그런데 이름표 사용 중단요구에 대하여 경찰청에서 시기상조라는 답변을 게시한 지 한 달 후인 2007년 1월 29일 이름표 패용에 관하여 경찰청의 국장급 간부 13명이 투표하여 '유지 10 대 폐지 3'의 결과가 나왔다는 보고서를 작성한 것입니다.

9. 이름표 소송 159

그 사이에 이름표 패용에 대하여 일선 경찰관들의 여론을 조사한 적도 없고, 공문을 하달하여 형식적으로라도 의견을 참고한 흔적이 전혀 없이 경찰청의 최고위 간부 13명이 투표하여 결정한 것을 두고, 법원은 경찰청이 널리 의견을 수렴하였다며 칭찬을 아끼지 않았습니다.

경찰청의 보고서는 "미국에서는 이름표를 경찰관 제복에 모두 부착(full name 사용)"이라고 언급하였지만 사실이 아닙니다. 미국 경찰은 이름표에 성(last name)이나 이니셜을 사용하여 이름표를 보더라도 이름(first name)이 무엇인지는 알 수 없습니다. 주한미군을 보아도 군복에는 성만 기재되어 있을 뿐입니다.

그러므로 불특정다수인 앞에서 이름 전체를 공개하도록 강제하는 나라는 우리나라가 유일하다고 할 수 있습니다.

이 같은 보고서를 법원에서 높이 평가하였다는 것은 법관이 사실관계를 제대로 살피지 않았거나, 이름의 강제 공개로 발생할 수 있는 인권 침해에 대한 사려가 부족하다는 것을 보여주는 것입니다.

인권을 말하는 사람들조차도 경찰관의 제복에 이름표를 다는 것을 당연하게 여깁니다. 미국산 쇠고기와 관련된 촛불집회 때 기동대원들 중에서 이름표를 청색 테이프로 가린 적이 있었습니다. 시위대가 이름을 부르면서 조롱하거나 모욕하는 것이 듣기 싫어서 테이프로 가린 것뿐이었는데, 시민단체나 언론에서 "과잉진압을 하려고 이름표를 가리는 것이냐."라고 비난하였고, 경찰청에서는 이름표를 가리지 말라는 긴급지시를 하달했습니다.

그러나 기동대원에게 이름표를 달게 하는 것은 시위대에게 마스크를 쓰지 못하게 하는 법을 만드는 것보다 더욱 인권을 침해하는 것입니다. 폭력행위를 할까봐 마스크를 쓰지 못하게 하는 것이나 과잉진압을 할까봐 이름표를 달게 하는 것이나 발상은 다르지 않습니다.

이름표보다는 국민의 목소리를 기동대로 해산시키려는 권력의 발상이나, 이런 발상에 맞서 기동대의 맨 앞줄에 나와 있는 전경들에게 쇠파이프를 휘두르는 시위대의 행동이 먼저 자제되어야 합니다.

전경들이 국가정책에 관여한 사실이 없고, 미국산 쇠고기 수입을 결정하는데 영향을 미치지도 않았습니다. 그들은 자신의 의사와는 상관없이 지휘부의 명령으로 그곳에 배치되었을 뿐입니다. 전경 대원이 스스로 판단하여 진압을 거부하면 영창이나 형사상의 처벌 등 개인의 신상에 중대한 불이익을 초래하게 됩니다. 의무 복무기간 동안에는 의사와 상관없이 진압복을 입고 거리에 나서야 함에도 쇠파이프 세례는 전경들의 몫입니다.

한 친구가 저에게 전화하여 아들이 군에 입대하여 전경으로 차출되었는데, 시위가 있을 때마다 다칠까봐 걱정된다는 말을 한 적이 있습니다. 그는 평소에 온순하던 아들이 "무차별적으로 쇠파이프 세례를 받다보면, 사람을 죽이고 싶다는 생각이 든다."라고 하는 말을 듣고 잠을 이루지 못하겠다고 하소연하였습니다.

전경들은 병역의 의무를 이행하기 위해 서있는 국민의 아들들이며 이들의 인권도 시위대의 인권만큼 소중한 것입니다.

또한 기동대원에게 이름표를 달게 해야 한다고 주장하는 것은 권력의 전횡을 도와주는 것일 수 있습니다. 부당한 진압에 대하여 이름표를 단 전경대원을 징계하는 것으로 사태를 마무리 할 수 있다면, 강경한 진압을 망설일 지휘관은 많지 않을 것입니다.

물론 기동대원 개인이 고의를 가지고 시민을 공격하는 경우도 생각할 수 있습니다. 그러한 경우에라도 충분한 교육과 훈련을 통해서 적정하게 임무를 수행하도록 관리할 책임이 지휘관에게 있다고 할 수 있습니다.

자동차로 비유하자면 기동대원은 범퍼에 지나지 않습니다. 자동차의 범퍼가 사람을 충격하였다면 조향장치를 조작하고 가속페달을 밟은 사람에게 책임을 물어야 합니다. 충돌한 부분이 범퍼이므로 범퍼에게 책임이 있다는 논리는 성립하지 않습니다. 마찬가지로 평화적 집회에 대한 부당한 진압이 있었다면 기동대원들이 아니라 그 부대를 지휘한 사람이 형사상 처벌을 받아야 하고, 발생한 손해에 대하여는 국가가 배상을 해야 합니다.

기동대원들에게 이름표를 달게 하지 않아도 누가 지휘하는지, 누가 배상해야 하는지 알 수 있으므로, 그들의 의사에 반하여 강제로 이름을 공개하게 하는 것을 즉시 중지해야 합니다.

헌법 제10조는 "모든 인간은 인간으로서의 존엄과 가치를 가지며, 행복을 추구할 권리를 가진다. 국가는 개인이 가지는 불가침의 기본적 인권을 확인하고 이를 보장할 의무를 가진다."라고 인간의 존엄함을 천명하고 있으며, 제37조 제2항에서는 "국민의 모든 자유와 권리는 국가안전보장·질서유지 또는 공공복리를 위하여 필요한 경우에 한하여 법률로써 제한할 수 있으며, 제한하는 경우에도 자유와 권리의 본질적 내용을 침해할 수 없다."라고 규정하고 있습니다.

그리고 경찰청에서 작성한 이름표에 관한 검토 보고서에서도 이름표를 부착하는 것이 '불특정다수에게 실명 공개로, 악용 시 경찰관 인권 침해 소지'와 '주취자·범법자 등을 상대하는 외근 근무자 임무 수행 위축 등 장애요인'이 있음을 지적하고 있습니다. 법원의 판단과는 달리 이름표가 인간의 기본권을 침해한다는 견해입니다.

경찰청의 견해가 아니더라도 싫다는 사람의 의사에 반하여 이름표를 강제로 달게 하려면 헌법 제37조의 규정에 따라서 법률적 근거를 마련해야 합니다. 또한, 개인의 이름을 불특정 다수인에게 공개하도록 강제하는 것이 국가안전보장이나, 질서유지, 공공복리에 필요할 리 없으므로 그러한 법률이 있다 해도 위헌법률의 심판대상이 될 것입니다.

그런데 경찰관이든 군인이든 어느 조직에서도 이름표를 통한 이름의 강제 공개를 법률로써 정한 곳이 없다는 것입니다. 자유와 권리를 제한할 때 법률로써만 가능하도록 한 이유는 국민의 대의기관인 국회에서 정하게 함으로써 기본권의 침해를 최소화하려는 의도입니다. 이는 또한 행정기관이 마음대로 국민의 기본권을 제한할 수 없게 하려는 취지입니다.

소송을 진행하면서 원고는 법률이 아닌 규칙을 근거로 이름표 패용을 강제함으로써 인간의 존엄성을 침해하는 것이 헌법

제37조의 규정을 위반한 것이므로, 그러한 규정의 효력을 인정해서는 아니 된다고 주장하였지만, 법원에서는 이름표를 다는 것이 인간의 기본권을 침해하지 않는다고 판결하였습니다.

관료주의적인 행정부에서 헌법 정신에 반하여 인간의 자유를 제한하는 규정을 법률적 근거 없이 시행하는 것도 비판의 대상이 되어야 합니다. 하물며 사법부에서 헌법의 규정조차 무시하면서 인권을 침해하는 행정부의 조치를 변호한다면 사법부가 스스로의 역할을 다하고 있다는 평가를 받을 수 없을 것입니다.

10. 유교 근본주의

기독교 근본주의나 이슬람 근본주의라는 말은 들어 보았지만, 유교 근본주의라는 말은 생소하실 겁니다. 기독교 근본주의는 제1차 세계대전 후에 자유주의 신학에 대항하여 미국 개신교 내의 보수적인 신학운동이었습니다. 성경을 절대화하여 모든 내용을 문자 그대로 믿는 것이 신앙의 근본이리고 주장하였습니다. 오늘날에는 그 의미가 확대되어 이슬람 근본주의, 힌두 근본주의와 같이 다른 종교에서도 경전을 문자 그대로 해석하고 사회전반에 있어서 엄격하게 적용하려는 현상을 가리키는 용어로도 사용됩니다.

이슬람 근본주의는 여성에 대한 억압적 태도와 이교도에 대한 적대적 태도를 취하기도 하는데, 아프가니스탄의 이슬람 근본주의 세력인 탈레반(Taleban) 정권은 여성에 대한 교육을 금지하고, 온몸을 가리는 부르카를 강요했었습니다. 사회활동을 하는 여성이 살해되기도 했고, 정권차원에서 바미안(Bamian)의 고대 석불을 파괴하여 세계인의 비난을 사기도 했습니다.

인도에서는 공식적으로 신분제를 폐지하였지만, 힌두 근본주의가 사회 전반에 영향을 미치고 있어서 교리에 따른 카스트제도가 엄존하고 있습니다. 카스트에서 가장 낮은 신분인 수드라나 카스트에도 속하지 못하는 불가촉천민인 하리잔은 대를 이어 고된 노동과 가난에서 벗어날 수 없다고 합니다.

자유민주주의 사회에는 종교의 자유가 인정되지만 특정 종교의 근본주의는 자유민주주의를 수용할 수 없습니다. 자유로운 생각을 바탕으로 다양한 사상이 전파되는 것을 보장하는 자유민주주의를 하나의 종교적 이론만을 인정하는 근본주의가 수용할 수 없기 때문입니다.

그러므로 유교적 전통이 강하게 남아있는 한국사회가 자유민주주의를 성숙시키기 위해서는 유교 근본주의적 폐습을 청산하려는 노력을 기울여야 할 것입니다.

유교적 전통이 강한 한국사회에서도 유교는 종교로서의 기능을 거의 상실하였습니다. 2005년의 통계청 자료를 보면 종교를 믿는 인구 53.1% 중에서 불교 43%, 개신교 34.5%, 천주교 20.6%, 유교 0.4%, 원불교 0.5%, 기타 1% 정도의 분포를 보이고 있었습니다. 통계로 나타난 대로 보면 우리나라 사람들 중에서 유교를 종교로서 믿는 인구는 거의 없다는 말입니다.

그럼에도 불구하고 한국에서의 사회적 현상을 분석 평가할 때 유교적 전통을 빼고 논할 수 없습니다. 종교가 있든지 없든지, 기독교를 믿거나 불교를 믿거나 유교적 사고방식으로 생각하고 행동한다는 말입니다.

그런데 한국인들 중에서 학문으로서 유교를 공부한 사람은 많지 않습니다. 한국인 가운데 유교의 경전 중에서 하나라도 제대로 읽거나 공부한 사람들이 거의 없는 것이 사실입니다.

대표적인 유교의 경전으로는 사서와 삼경이 있습니다. 사서는 대학(大學), 논어(論語), 맹자(孟子), 중용(中庸)을 말하고, 삼경은 시경(詩經), 서경(書經), 주역(周易)을 말하는데, 대부분의 한국인들이 그러한 경전이 있다는 사실만을 알 뿐입니다.

저 역시 대학에서 '동서양고전'이라는 교양과목을 이수할 때 한글로 주석이 된 '맹자'를 읽고 과제물을 제출한 적이 있을 뿐 다른 유교의 경전을 읽어 본 적이 없습니다. 그러므로 저는 경전을 근거로 유교가 어떠한 가르침을 말하는 종교이거나 학문인지 정의 내릴 수는 없습니다.

그러나 이슬람 근본주의나, 기독교 근본주의의 폐해를 논할 때 반드시 코란이나 성경을 알아야 하는 것이 아니듯이 유교적 근본주의의 병폐를 말할 때 사서삼경을 통달해야 하는 것은 아니라고 생각합니다.

  사실 조선왕조 때에도 대부분의 백성들이 문맹이었으니 사서삼경의 내용을 알 길이 없었으며, 글 공부를 한 양반들도 한문으로 된 유교의 경전을 이해하는 것은 쉬운 일이 아니었습니다. 그래서 조선왕조는 백성들에게 유교 경전의 진수를 뽑아서 도덕적 기준으로 가르쳤는데 그것이 삼강오륜입니다. 그리고 사실 우리가 알고 있는 유교적 전통은 대부분 삼강오륜 속에 포함되어 있습니다.

三綱(삼강)
父爲子綱(부위자강) 아버지는 아들의 근본이다.
君爲臣綱(군위신강) 임금은 신하의 근본이다.
夫爲婦綱(부위부강) 남편은 아내의 근본이다.

五倫(오륜)
君臣有義(군신유의)
임금과 신하는 외로움이 있어야 한다.
父子有親(부자유친)
아버지와 아들은 친함이 있어야 한다.

夫婦有別(부부유별)
남편과 아내는 구별이 있어야 한다.
長幼有序(장유유서)
어른과 아이는 차례가 있어야 한다.
朋友有信(붕우유신)
벗과 벗은 믿음이 있어야 한다.

　삼강오륜은 전제적 왕권과 가부장적 사회를 전제로 한 사상이어서 군신유의나 부부유별 등과 같이 시대적으로 맞지 않는 부분이 있지만, 대체적으로 도덕적 가르침이므로 오늘날에도 잘 지키는 게 좋다고 주장하는 사람들도 있습니다.

　그러나 우리사회에서는 삼강오륜이 잘 지키면 바람직하지만 설사 지키지 않더라도 비난 받지 않는 느슨한 규범이 아닙니다. 오히려 사회 전반에 완고하게 뿌리 내리고 있어 구성원의 행동을 강력하게 규제하는 규범입니다.

　그런데 지나치게 완고한 가치체계와 규범은 자유민주주의의 정신과 공존을 어렵게 하는 문제점이 있습니다. 삼강오륜은 임금과 신하, 남편과 아내, 아버지와 아들이 불평등한 존재라는 인식에서 출발하고 있어서, 양반과 상민이라는 신분제와 남존여비(男尊女卑)나 여필종부(女必從夫)라고 하는 사회적 불평등을 당연시하는 관습으로 이어집니다.

그런데 이것은 "모든 인간은 날 때부터 평등하다"라는 자유민주주의의 기본 이념과 정면으로 배치되는 것입니다. 혹시 아버지와 아들이 평등하다는 사상이 불편하십니까? 아들이 아버지의 가르침에 잘 따르고 효도를 해야 한다는 것과 인간으로서 평등한 존재라는 것은 별개의 개념입니다.

아버지가 아들보다 투표권을 더 많이 가질 수 없고, 아들과 달리 음주운전이 허용되는 것도 아니므로 아버지와 아들이 법적으로 평등한 권리와 의무를 가지는 인간입니다. 아버지가 아들을 사랑하고 아들은 아버지를 공경하는 것은 인간으로서 마땅히 행해야 할 도덕적 개념으로 법적인 개념과는 별도로 존재하는 것입니다.

아버지와 아들의 관계도 그러할진대 임금과 신하, 남편과 아내가 불평등한 관계임을 법적으로 전제한 삼강오륜의 기본 개념은 자유민주주의 개념과 양립할 수 없습니다.

유교의 성현들이 가르친 것은 인(仁), 의(義), 예(禮), 지(知), 신(信)을 바탕으로 한 도덕적 정치의 실현이라고 해도 과언이 아닙니다. 공자는 '극기복례(克己復禮)' 곧, '자기 자신을 이기고 예에 따르는 삶이 곧 인(仁)'이라고 가르쳤습니다. 자신을 다스리라는 가르침이지 다른 사람에게 예속적 삶을 강요하라는 것이 아니었습니다.

하지만 성현의 가르침이 엄격한 신분제 사회의 지배 이념으로 도입되면서 삼강오륜에 대한 교조적인 해석과 적용이 나타나게 되고 결과적으로 유교 근본주의적 사회체계를 형성하였다고 할 수 있습니다. 60년대나 70년대만 해도 나이가 지긋한 어른들이 "요즘 젊은이들을 보면 삼강오륜이 땅에 떨어졌다"라고 개탄하는 말을 들을 수가 있었습니다.

요즘 젊은이들은 삼강이 한강, 금강, 낙동강이고, 오륜은 지프차 뒤에 달고 다니는 바퀴를 이르는 말이라는 농담을 하기도 합니다. 과거에 어른들이 삼강오륜의 부재를 개탄하였지만, 진정으로 한국 사회에서 문제가 되고 있는 것은 삼강오륜으로 대표되는 유교 근본주의가 아직도 뿌리 깊게 남아있다는 점입니다.

삼강오륜 중에서 몇 가지는 현재 사회에 적용할 수 있는 도덕적 기준이 된다고 주장하는 사람들도 있습니다. 일리가 있는 주장으로 보이지만, 삼강오륜이라는 개념이 도입된 배경을 살펴보면 그렇지 않습니다. 유교가 도입되기 이전에 살았던 사람들은 부자관계에 있어서 친밀함이 없었고, 부부간의 구별이 없었으며, 벗들 사이엔 불신이 팽배한 사회였다고 생각하십니까? 지구상의 어디에도 효도가 악덕이고, 불효가 미덕인 문명권은 존재하지 않습니다.

다른 문명권과 마찬가지로 유교가 도입되기 이전의 우리 사회에도 미덕과 악덕에 관한 도덕적 기준이 분명히 존재하고 있었음에도 지배층은 삼강오륜이라는 새로운 도덕적 지표를 내세운 것입니다. 그것은 부자유친이나 붕우유신 같이 백성들이 긍정적으로 받아들일 수 있는 도덕을 강조하면서 군위신강이나 군신유의, 장유유서 등과 같은 봉건적 지배질서를 전파한다면, 백성들의 자발적 복종을 자연스럽게 이끌어 낼 수 있다는 계산을 세웠기 때문입니다.

조선왕조가 500년 이상 지속된 것을 볼 때 그들의 의도는 성공했다고 할 수 있습니다. 문제는 자유민주주의를 지향하는 지금도 상감오륜이라는 바퀴가 굴러가고 있다는 것입니다.

삼강오륜은 왕과 신하의 신분질서를 강조하고 있으며, 장유유서라는 말로 어른과 아이 사이의 질서도 강조하고 있습니다. 그런데 장유유서가 꼭 나이에 국한되는 것이 아니어서 계급 사회에서의 상하관계에서도 적용되고 있습니다. 사실 장유유서란 어른과 아이, 상급자와 하급자, 선배와 후배 사이에서의 질서를 유지하자는 좋은 개념입니다. 하지만 애초에 가지고 있었던 뜻이 세월이 지나면서 변질되어 위계질서만 강조하는 껍데기만 남은 것이 문제입니다.

우리사회에서는 어떤 조직에서든 연장자나 상관의 말에 이의를 제기하는 것이 금기시 되어 있습니다. 설령 연장자나 상관의 말이 규정에 맞지 않는다고 해도 마음속에서 여전히 굴러가고 있는 삼강오륜이라는 바퀴가 "그러면 안 됩니다."라는 말을 할 수 없게 합니다.

자유분방한 젊은이들도 군대에 입대하여 엄격한 위계질서 속에서 이리저리 구르다 보면 어느덧 조직 속에서 자신의 위치를 파악하고 한 단계라도 높은 사람에게 토 달지 않는 습관을 익히고 제대합니다. 이렇게 애늙은이가 되어서 제대한 젊은이를 본 어른들은 "군대에 가더니 사람이 되었다."라며 기뻐합니다. 이 말에서 어른들에게 의미하는 '사람'이란 삼강오륜이라는 지배질서에 순응하는 사람입니다.

상관이나 선배들의 의견을 존중하는 것이 나쁠 게 뭐냐는 반론이 있을 수 있지만, 연장자가 옳기만 한 것이 아니기 때문에 문제가 될 수도 있습니다. 바르게 교육받고 성장한 인간은 자신의 주변에서 일어나는 일에 대하여 건전한 상식을 바탕으로 옳고 그름을 비판적으로 분석하고 바르게 판단할 수 있어야 합니다. 바르게 판단할 줄 아는 사람들 사이에서는 여러 가지 의견이 있다고 해도, 서로 상대의 의견을 합리적으로 분석·평가하고 장점만을 취하여 결론 세울 수 있습니다. 이런 토론과 의견 조정이 민주주의를 형성하는 기초입니다.

지휘관의 명령에 따라서 일사불란하게 움직여야 하는 군대 조직도 마찬가지입니다. 지휘관이 잘못 판단한 까닭으로 부대원들이 불필요한 위험에 처하는 명령을 내렸을 때, 참모들이 그 명령을 분석해보고 시정을 건의할 수 있다면 위험을 줄일 수 있습니다.

1942년 11월 스탈린그라드에서 독일군과 소련군이 치열한 전투를 벌이고 있을 때, 정찰과 포로 심문으로 소련군이 대규모 병력을 동원하여 도시를 포위 중인 것을 알게 된 독일군의 참모들 중에서는 포위망이 견고해지기 전에 철수해야 한다고 생각하는 사람들이 있었습니다.

그러나 도시를 점령하라는 명령을 되풀이하는 히틀러에게

아무도 군대의 철수를 논리적으로 주장하지 못했고, 결국 수십만 명의 독일군이 스탈린그라드에 포위된 채 전투와 추위, 기아로 목숨을 잃고 독일 제6군은 괴멸되었습니다.

엄정한 지휘체계가 필요한 군대에서도 민주적 의사소통 방식이 존재해야 하는 이유는 신이 아닌 한 지휘관도 잘못된 명령을 내릴 수 있기 때문입니다.

한국인들은 어릴 적부터 제사에서 유교를 배우기 시작합니다. 제사를 모시는 방법을 할아버지가 아버지에게, 아버지는 아들에게 전수해 줍니다.

할아버지가 실행하는 제례의 순서와 방법을 자라면서 본 아버지가 그대로 행하고, 그것을 본 아들이 그대로 따라합니다.

즉, 집안의 어른이 말하고 행동하는 것이 곧 유교의 경전인 셈입니다. 할아버지가 홍동백서의 순서로 제물을 올리는 것에 대하여 아버지가 백동홍서로 올리자고 이의를 제기하는 것을 상상할 수 없듯이, 가장의 말은 경전과 마찬가지로 거스를 수 없는 진리였습니다.

할아버지가 "身體髮膚는 受之父母다."라고 말하며 머리카락이나 수염을 자르지 않는다면, 아버지도 손자도 따라서 기르는 것이 마땅한 예의였습니다. 머리나 수염을 깎는 것은 가장의 가르침에 도전하는 상상할 수 없는 행동이었습니다.

그러나 구한말에 단발령이 내리고 일제시대를 거치면서 상황이 급변합니다. 모든 가장들이 머리와 수염을 깎은 것입니다. 상황은 정반대가 되었지만 삼강오륜의 바퀴는 그대로 굴러가고 있었으니, 이제는 어른들 앞에서 장발을 하거나 면도를 하지 않고 나타나는 것이 예의 없는 행동이 되었습니다. 그래서 한국사회에서는 99.9% 이상의 남자들이 모든 수염을 남김없이 깎습니다. 일부를 남겨 두는 취향을 발휘했다가는 어른들이나 직장 상사들로부터 무례한 인간으로 또는 불성실한 인간으로 낙인찍히게 됩니다.

저는 2005년부터 약 2년간 콧수염을 기른 적이 있었습니다. 제가 한국사회의 유교 근본주의를 잘 인식하고 있는 상태에서 콧수염을 기르기로 한 것은 콧수염이 사람에게 예의 있거나 없음을 결정하는 기준이 아니라는 인식의 표현이었으며, 몸에 난 털을 다른 방법으로도 관리할 수도 있다는 생각의 표현이었습니다.

제가 콧수염을 기르는 것 때문에 경찰서가 발칵 뒤집어졌다는 말도 들었고, 직간접적으로 면도를 하는 것이 어떠냐는 말도 들었지만, 자신의 몸에 난 털조차 관리할 권한이 없다면 더 이상 인간일 수 없다고 생각해서 듣지 않았습니다.

지금은 면도를 하고 있지만, 마음이 내키면 또 다시 기를 것입니다. 수염을 신께서 남자에게 허락한 상징이라 여기고 면도하는 것을 터부시하는 사회도 있지만, 대부분의 사회에서 면도는 개인의 취향에 속합니다.

혼자서도 상처를 입지 않고 면도할 수 있는 안전면도기가 발명된 이후에 남자들은 이발소에 가지 않고도 매일 면도를 할 수 있게 되었습니다. 안전면도기가 많은 남자들로 하여금 면도를 하게 만들었지만, 자유로운 국가에서는 여전히 많은 남자들이 다양한 형태로 수염을 기르고 있으며, 콧수염이나 턱수염을 기르는 것은 개인의 취향일 뿐 그 사람의 정신 상태나 예의범절의 판단 근거가 되지 않습니다.

독특하게도 한국 사회에서 99.9%의 남성이 매일 모든 수염을 남김없이 면도하고 있다면, 유교 근본주의의 영향이라고 생각할 수 있을 것입니다.

기독교든 불교든 이슬람교든 모든 종교는 인간이 신 앞에서 겸손해야 하며 다른 인간에게 자비를 베푸는 것이 옳다고 가르치고 있습니다. 종교마다 구원의 방법이나 예배의 대상은 다르지만, 사람들마다 신께 기원하는 것 중에는 인류에게 분쟁이 그치고 더불어 평화롭게 사는 것도 포함되어 있습니다.

그런데 경전을 취지를 왜곡하여 해석하는 근본주의적 신앙은 어느 종교에나 있게 마련입니다. 그리고 한 가지 종교가 그 사회의 구성원 전반에 대하여 영향을 미칠 때, 본래의 가르침을 벗어난 근본주의 믿음은 더욱 영향력을 발휘합니다.

기독교가 로마제국에서 소수자의 종교였을 때에는 예수의 사랑과 자비의 정신을 잘 실천했습니다. 기독교인들은 자신들을 박해하고 죽이려는 사람들을 용서하고 로마제국과 황제에게 복을 빌었다고 합니다. 이러한 초기 기독교인들의 사랑과 자비의 정신이 로마인들을 감동시켰고 많은 로마인들이 기독교를 믿었습니다. 기독교 인구가 늘어나자 박해가 중지되었고, 지배계급에게까지 믿음이 확산되자 기독교는 제국의 국교가 되었습니다. 기독교인들이 로마제국의 박해에 대항하여 무장투쟁을 벌였다면 결코 얻을 수 없었던 값진 승리였습니다.

그런데 기독교가 로마제국을 통해 전 유럽으로 전파되고 인구의 절대다수가 기독교를 믿게 되자 성경의 참뜻과 다른 생각이 나타났는데, 신의 이름으로 마녀를 처단하고 이단을 뿌리 뽑아야 한다는 것이었습니다. 초기 기독교인들이 자신들을 박해하는 사람들도 용서하였지만, 중세유럽에서는 같은 신을 믿으면서도 생각이나 방법이 다르다는 이유로 수많은 사람들을 마녀나 이단으로 몰아 잔혹하게 고문하고 화형에 처했습니다. 마녀사냥에 나선 사람들은 정통적 교리의 순수성을 해하는 이단에 대한 단호한 조치라고 생각하였지만, 그들의 생각과 행동 자체가 원수를 사랑하라는 예수의 가르침과는 동떨어진 것이었습니다.

이슬람교는 평화를 지향하며 신의 뜻에 복종하는 신앙을 가지고 있습니다. 그런데 이슬람 교인이 절대다수를 차지하는 일부 국가에서는 근본주의적인 믿음이 사회문제를 야기하고 있습니다.

한 가지 예로써 이슬람의 전통과 어긋나는 행위를 하였다는 이유로 여성들을 살해하는 명예살인을 들 수 있습니다. 간통뿐만 아니라 처녀의 이성교제나 남편의 학대를 견디지 못하고 가출한 것도 명예살인의 대상이 되기도 합니다. 자신의 딸이나 누이를 죽이는 끔찍한 행동은 그것이 신의 뜻이라는 확실한 믿음이 있거나, 혹은 그렇게 하지 않으면 그가 속한 공동체에게 배겨날 수 없다는 현실적 계산이 있어야 실행이 가능한 것입니다.

그러므로 그 사회에 근본주의적 신앙이 팽배할수록 명예살인과 같은 악습은 근절되기 어렵습니다. 악습이 근절되지 않는 두 가지 이유인 '옳다는 믿음'과 '현실적 계산'은 우리사회에서 유교 근본주의적 전통이 강하게 남아 있는 것을 설명해 줄 수 있습니다. 어릴 적부터 몸에 밴 유교적 관습이 옳다고 믿거나, 옳다고 믿지는 않더라도 관습에서 벗어났을 때 주변 사람들로부터 받게 될 따가운 시선이나 질책을 고려하여 벗어나지 못하는 것입니다.

  상사의 지시가 부당하다고 생각됨에도 이의를 말하지 않는 것은, 상사에게 토 달지 않는 것이 예의라고 믿거나, 이의를 제기했을 때 닥칠 불이익을 현실적으로 계산한 결과일 것입니다.

  제가 콧수염을 기르고 있을 때 연세 지긋하신 어른이 "어른들 앞에서 콧수염을 기르는 것은 예의에 어긋나는 게 아니겠느냐."라고 조심스러운 충고를 해 주신 적이 있었습니다. 그분께는 수염을 깎고 어른들 앞에 나와야 '옳다는 믿음'이 굳건했으므로 그것을 기르고 다니는 저의 존재로 인해 불편해 하신 겁니다.

많은 한국 남성들이 수염이 옳고 그름과는 상관없는 것이라고 생각하더라도 실제로 수염을 기르지 않는 것은 어른들의 질책과 주변인들의 수군거림 이라는 '현실적 계산'에 따른 것입니다.

명예살인과 수염 기르기 사이에는 엄청난 차이가 있으니 비교 대상이 아니라고 하실 지도 모르지만, 이슬람이 국교인 나라가 신정체제인 것과는 달리 우리나라는 자유민주주의를 채택하였다는 사실을 염두에 두어야 합니다. 인간의 존엄성과 개인의 인권을 충분히 보장하는 헌법을 가지고 있는 사회이므로, 다른 사람에게 해를 끼치지도 않고 옳고 그름의 판단대상이 아닌 행위가 징계라는 비난의 대상이 된 것 자체가 정상에서 벗어난 일이며, 유교 근본주의적 발상의 결과라고 할 것입니다.

무엇보다도 우리나라의 관료조직에 유교 근본주의의 뿌리가 깊다는 것이 큰 문제입니다. 조직의 수장급 관료들은 자신이 지휘하는 하급 공무원이 반대 의견을 내는 것을 견디지 못합니다. 잠재의식 속에서 작동하는 삼강오륜의 기준에 어긋나기 때문에 자신을 능멸하는 행동을 한 사람을 용납하지 못합니다.

얼마 전에 국세청 직원이 전 국세청장에 대하여 비판하는 글을 내부 게시판에 올렸다고 해서 파면한 것이 좋은 사례입니다. 윗사람의 생각과 다른 생각을 표현한 것에 대하여 그의 생계를 빼앗아야 할 만큼의 부정이나 비리로 판단하고 있음을 알 수 있습니다.

또는 이런 행위를 그냥 놔두었다가는 눈 밖에 난 기업에 대해 표적 세무조사를 하려 할 때에도 부당한 지시라고 이의를 제기하는 직원이 나오는 사태를 걱정하고 있다는 증거일 것입니다.

선진국에서는 전문적 지식으로 무장한 중간 관료집단이 국가의 정책을 결정하는데 큰 역할을 한다고 합니다. 정치 외교적 고려가 없지는 않겠지만 국익과 관련한 핵심적인 사항에 있어서 전문지식을 갖춘 관료들의 보고서는 무시되지 않습니다.

그런데 우리의 경우는 그렇지 않은 것 같습니다. 2007년 9월 미국과의 쇠고기 수입협상 대응책에 관하여 농식품부는 전문가들과 협의를 거쳐 보고서를 작성하였는데, 국제수역사무국도 30개월 이상 쇠고기에 대해서는 안전성을 완전히 보장하지 못하기 때문에 30개월 미만이라는 월령 제한을 고수해야 한다는 것과 한국인의 유전자 특성과 뼈를 고아 먹는 식문화 습관상 광우병에 취약하다고 판단해, 소의 연령과 관계없이 광우병 특정위험물질 등의 수입을 금지해야 한다는 내용이었습니다.

수입을 하더라도 월령제한 및 특정위험물질에 대한 통제를 해야 한다는 담당 부서의 의견이 있었지만, 얼마 지나지 않아서 한국의 협상단은 검역주권까지 포기했다는 비난을 감수하며 미국산 쇠고기에 대한 모든 제한을 풀어버렸습니다.

그런 과정을 지켜보면서 우리사회에 뿌리내린 유교 근본주의의 폐해를 개탄할 수밖에 없는 것은 고위층의 의중을 맞추기 위해서 담당부서 전문가의 의견이 묵살되거나, 고위층의 말에 따라서 이리저리 바뀌는 정책이 국민에게 유리할 리 없기 때문입니다.

한국이 경부고속철도 건설을 발표했을 때의 일입니다. 프랑스의 대통령이 TGV의 판매를 염두에 두고 약탈해간 조선왕조의 의궤를 반환하겠다고 약속했습니다. 그 약속의 증거로 의궤 1권을 반환하려고 했을 때, 프랑스 문화재청 담당직원이 관련 규정을 들어서 반출을 거부했다는 보도가 있었습니다. 한국에서라면 공직기강이 해이되었다며 어떤 이유를 들어서라도 신분상의 불이익을 주었을 것입니다. 그 의궤 1권은 나중에 영구임대 형식으로 반환되었는데, 규정과 절차를 밟아서 반환된 것입니다. 프랑스의 사례에서 보듯이 규정에 어긋난 대통령의 지시를 일선 공무원이 거부할 수 있고, 그것이 아무런 문제가 되지 않는 사회가 되어야 진정한 민주주의 국가라고 할 수 있습니다. 그런 민주사회가 되어야 공무원들이 정치적 영향을 극복하고 국민의 이익에 부합하는 정책을 수립하거나 집행할 수 있을 것입니다.

관료들 중에서도 유교 근본주의의 부작용을 극명하게 보여줄 수 있는 곳이 헌법재판소와 법원이라고 할 수 있습니다.

헌법재판소는 말 그대로 헌법에서 보장하는 국민의 자유와 권리가 법이나 공권력에 의해서 침해되는 지를 판단하는 기관으로 기본권에 관한한 최후의 보루라고 할 수 있습니다. 그런 헌법재판소의 재판관들이 유교 근본주의에 젖어 있다면 자유민주주의 실현을 목표로 대한민국 헌법이 보장하려는 국민의 기본권을 지켜주기 어렵습니다.

헌법재판소의 결정문을 읽으면 재판관들의 사고방식 또한 보이게 마련입니다. 헌법재판관들은 만장일치로 이륜차 사용자들에 대한 자동차 사용자로서의 권리를 박탈한 것에 대하여 불편이 크지 않아 괜찮다며 차별을 정당화 해주었습니다.

만약에 "한국인은 정문을 사용하고, 동남아인은 건물 옆에 있는 문을 사용하시오."라는 팻말을 구청 민원실에 붙여 놓았다면 인종차별이라고 할 수 있습니다. 이러한 조치에 대하여 "옆문으로 출입한다고 해도 거리가 멀지 않아서 불편이 크지 않으니 괜찮다."라는 결정을 헌법재판소가 내리다면 비난 받아 마땅합니다.

황당한 것은 이륜차에 대한 통행을 금지하더라도 '불합리한 차별'이라고 볼 수 없다는 언급입니다. 마치 헌법에서 합리적인 차별은 보장이나 하는 듯이 당당하게 결정문에 언급하고 있습니다.

헌법재판소의 결정문 제6쪽 라 항을 보면 다음과 같은 한국도로공사의 의견 요지가 실려 있습니다. "이륜자동차와 사륜자동차는 본질적으로 동일하지 않으므로 다르게 취급한다고 하더라도 차별 취급이 아니다."라는 것입니다. 헌법재판소가 불합리한 차별이 아니라고 판단한 근거라고 생각됩니다. 이륜자동차와 사륜자동차는 분명이 다릅니다. 그러나 그 자동차를 운전하는 인간은 다르지 않으며 동등한 권리를 가져야 합니다. 쇳덩어리 기계가 차별받는다고 항의한 것이 아니라 그것을 사용하는 인간이 차별받기 때문에 문제가 된 것인데 헌법재판소는 한국도로공사의 황당한 논리를 받아들였습니다.

몇 년 전에 서울 시청 앞 광장의 잔디밭에 '휠체어 출입금지'라는 팻말을 세웠다가 문제가 된 적이 있었습니다. 휠체어는 구조적으로 잔디를 상하게 하기 때문에 출입을 금지시킨 것입니다. 하지만 그것이 곧 장애인 차별이라는 시민들의 거센 항의를 받고 팻말이 제거되었습니다.

이 사건이 헌법재판소까지 가지 않은 것은 천만다행한 일입니다. 장애인과 비장애인은 구조적으로 다르고, 휠체어가 출입하여 잔디를 훼손하는 것을 방지하기 위한 최소한의 조치이며, 잔디밭 주변의 시멘트 포장부분에서 공연을 관람하거나 여가를 즐길 수도 있어 불편이 크지 않으므로 불합리한 차별이 아니라는 결정이 나올 뻔했으니까 말입니다.

이륜자동차의 통행금지로 불편한 것은 쇳덩어리가 아니라 그것을 운전하는 인간이며, 차별 문제도 인간을 객체로 놓고 판단해야 합니다. 인간에 대한 차별을 정당화하기 위해서 기계의 구조적 차이라는 황당한 논리를 끌어다 쓴다면 이 세상에는 어떠한 차별도 존재하지 않게 됩니다.

남자와 여자도 이런저런 차이를 발견할 수 있고, 외국인 노동자도 한국인과는 이런저런 인종적 문화적 차이가 발견됩니다. 헌법재판소가 인간의 불평등을 전제로 형성된 유교 근본주의적 시각에서 벗어나지 못하고 차별을 정당화한다면 사회적 악습을 폐지해야 한다는 헌법 전문의 선언은 공허한 울림으로 남을 것입니다.

얼마 전에 헌법재판소와 사법부가 유교 근본주의적 시각에서 벗어나지 못한 판결을 내린 것 때문에 대한민국이 이상한 나라로 외신에 보도된 사건이 있었습니다.

그것은 간통죄에 대한 위헌법률 심판에서 헌법재판소가 합헌으로 결정하였고, 배우 옥소리 씨가 법원으로부터 유죄 판결을 받았다는 내용이었습니다. 우리사회에서는 많은 사람들이 간통죄 존속을 지지하는 것이 사실입니다. 일반 시민들이 "내 마누라가 바람을 피웠을 때 가만둘 수는 없다"라는 생각으로 간통죄 유지를 주장한다고 해서 비난 받을 일은 아니지만, 헌법재판소가 간통죄를 유시하는 결정을 내린 것은 조금 다른 의미를 가진다고 할 수 있습니다.

헌법재판관들은 국가 형벌권이 국민의 행동을 어디까지 규제할지에 대하여 전문적으로 연구하는 사람들이며, 그들의 결정이 국가 전체적으로 큰 영향을 미치기 때문입니다. 사람이 바람직하지 못한 행위를 하였을 때에는 법적인 비난가능성이 있는 것과 사회·문화적 비난 가능성이 있는 것으로 구분하여 생각할 수 있습니다. 운전자가 신호를 지킨다고 칭찬이나 포상이 주어지지는 않지만, 그것을 어겼을 때는 법적 비난 가능성이 발생하며 공권력이 발동되어 범칙금과 벌점이 부과됩니다.

환경보호에 목소리를 높이는 사람이 정작 자신은 오염물질을 많이 배출하는 대형차를 타고 다닌다면, 법적 비난 가능성이 발생하지는 않지만 환경운동가로서의 명성에 금이 가는 사회적 비난 가능성은 발생합니다. 사회·문화적 비난 가능성과는 달리 법적 비난 가능성이 있는 행위에는 국가 공권력이 발동된다는 점에서 그 범위를 최소한으로 한정해야 합니다.

간통을 법적 비난 가능성이 있는 행위로 둘 것인지, 혹은 사회·문화적 비난 가능성이 있는 행위로만 생각할 것인지 일반 시민들이 논란을 벌이는 것은 있을 수 있습니다. 하지만, 국가 형벌권의 동원은 최소한의 범위에서 그쳐야 함을 누구보다도 잘 인식하고 있어야 할 헌법재판관들이 개인의 연애 행각에 이르기까지 국가가 나서야 한다고 결정한 것은 문제가 있는 판단이라고 할 수 있습니다.

국가가 개인에게 형벌을 과할 때에는 그의 행위가 다른 법익을 침해하였을 경우에 한정해야 합니다. 간통을 하였다는 것은 배우자에게 충실하겠다는 혼인서약을 지키지 않은 것이며, 침해되는 법익을 따지자면 배우자의 질투심이라고 할 수 있습니다. 약속을 지키지 않아서 배우자를 화나게 한 것 때문에 국가가 형벌권을 발동하여 잡아들이겠다는 것은 국가가 국민을 가르쳐서 착한 행동을 하게 만들겠다는 발상입니다.

기한을 정하여 돈을 꾸었다가도 약속을 지키지 못할 수 있습니다. 이자를 약속한 날짜보다 늦게 낼 때도 있고, 원금을 못 갚을 때도 있습니다. 돈을 돌려받지 못한 채권자는 무척 화가 나겠지만 민사소송으로 해결해야 합니다. 약속을 어겨서 화나게 했다는 이유로 사람을 처벌하는 법이 없기 때문입니다.

혼인의 신성함을 지키는 것이 옳다는 주장도 있고, 간통죄 폐지가 간통을 합법화하는 것이라며 헌법재판소의 결정을 지지하는 사람도 있지만, 그것은 간통의 기수(旣遂, consummation, 범죄의 구성 요건을 실현하여 완성한 것) 시점을 남녀의 생식기가 교합한 때로 본다는 사실을 인식하지 않은 주장입니다.

귀두가 질에 삽입되지 않는 구강성교나 항문성교는 간통죄를 구성하지 않으며 처벌 규정이 없습니다. 처벌 규정이 없다고 해도 다른 이성과 구강성교나 항문성교를 한 배우자를 용인할 사람이 많지 않을 것이므로, 혼인의 신성함을 남녀의 생식기 교합만 처벌한다고 지킬 수 있는 것이 아님을 알 수 있습니다.

그리고 남편이 다른 남자와 동성애를 즐기거나, 아내가 다른 여자와 섹스를 하여 더 이상 혼인을 지속할 수 없게 되어도 간통죄로 처벌할 수 없습니다. 국가가 배우자 있는 사람의 동성연애나 구강성교, 항문성교는 괜찮다고 하면서, "선량한 성도덕과 일부일처주의 혼인제도의 유지 및 가족생활의 보장을 위하여서나, 부부간의 성적 성실의무의 수호를 위하여" 귀두가 질에 삽입되는 것만은 처벌하겠다고 나서는 것은 황당한 발상입니다.

선량한 성도덕의 위반 행위는 말 그대로 도덕적 비난 가능성만이 제기될 뿐이고, 일부일처의 혼인제도는 간통을 처벌하는 것보다는 중혼죄를 처벌함으로써 유지할 수 있습니다. 우리나라에서는 이중으로 혼인신고를 할 수 없도록 되어 있어 애초에 일부다처제가 가능하지 않은 사실을 애써 외면하고 있습니다.

또한 부부간의 성적 성실의무를 국가가 수호하겠다는 것 자체가 발상의 오류라고 할 수 있습니다. 간통을 하지 않더라도 배우자와의 성행위를 기피한다면, 성적 성실의무를 다했다고 볼 수 없으므로 열심히 섹스를 해주지 않는 것도 형사처벌의 대상이 될 수 있다는 논리입니다.

한 이슬람 국가에서 강간을 당한 처녀에게 태형을 선고하여 국제적으로 비난을 산 적이 있습니다. 우리에게는 상상이 가지 않는 판결이지만, 이슬람 근본주의에 젖어 있는 판사들이 외간 남자와 함께 있어서는 안 된다는 이슬람법을 어겼다는 이유로 강간 피해자에게 거리낌 없이 태형을 선고한 것입니다.

혼인을 하면서 배우자에게 성실하기로 약속한 사람이 다른 이성과 관계를 갖는 것은 비난받아 마땅한 일입니다. 그것이 바람직하지 못한 행위라고 해도 사회적 비난과 민사적 배상이 뒤따르는 것으로 족하기 때문에 종교적 근본주의가 팽배한 나라를 제외한 모든 나라가 간통을 형벌로 다스리지 않습니다.

외국 언론에서는 한국의 헌법재판소가 간통죄에 대하여 합헌 결정을 내린 것을 두고 한국이 유교적인 국가이기 때문으로 분석하였으며, 이슬람 근본주의 판사들이 강간 피해자에게 태형을 선고한 때와 마찬가지로 황당 뉴스로 보도하였습니다. 유교 근본주의에 젖어 있는 재판관들이 자유민주주의 헌법을 가지고 있는 대한민국의 이미지를 신정체제인 이슬람 근본주의 국가 수준으로 떨어뜨렸다고 평가할 수 있는 부분입니다.

요즈음 명품국가를 만들겠다는 정치권의 구호를 들은 적이 있는데, 나라의 경제력만 높아진다고 해서 명품국가가 되는 것이 아닙니다. 석유가 쏟아져 경제적으로 여유가 있는 국가라고 해도 종교적 근본주의가 팽배한 나라들은 인권 후진국으로 치부되고 있습니다.

헌법재판소나 사법부가 인간의 기본권을 무시하는 판결을 내릴 때마다 우리나라의 품격은 추락하고 명품국가는 남의 나라 이야기가 될 것입니다.

인터넷 경제 대통령이라는 별명이 붙었던 미네르바라는 필명의 논객이 구속되었을 때, 그 구속의 적정성을 두고 사회적 논란이 있었습니다. 비록 무죄 판결을 받아 석방되었지만, 많은 사람들이 검찰이 무리하게 구속하였다며 비난하였습니다. 하지만 정치적 의도를 가지고 수사를 하였다고 검찰을 비난하더라도 검찰의 수사관행을 바꾸지는 못할 것입니다. 어차피 검찰은 법무부장관과 대통령으로 이어지는 지휘선에 속한 기관이므로 정치적 수사에 있어서 중립성을 기대하기는 어렵습니다.

정치적 논란이 있는 사건에 있어서 중립을 유지하는 것이 기대되고 또 반드시 그렇게 해야 하는 곳이 사법부입니다. 검찰에서 정치적으로 영향을 받아 무리하게 수사하여 영장을 청구하여도 그것의 발부는 판사의 고유 권한입니다. 판사가 사안을 면밀히 판단하여 영장의 발부 여부를 결정한다면 정치적 사건의 무리한 수사에 제동이 걸릴 수밖에 없습니다.

미네르바가 구속되었을 때 야당이나 재야인사들이 검찰을 비난하였고, 교직원노동조합을 압수수색했을 때에는 검찰이나 경찰을 항의 방문했다는 보도를 들었습니다. 그러나 영장발부의 권한이 판사에게 있으므로 무리한 영장발부 혹은 판결의 비난 가능성에 대한 책임은 전적으로 판사에게 있다고 할 것입니다.

그럼에도 사람들이 사법부를 성토하지 않는 것은 판사에게는 권한이 없다는 것을 꿰뚫어 보고 있는 것인지도 모르겠습니다. 과거 독재정권 시절에는 사법부의 독립성이 보장되지 못했으며 권력자의 생각과 반대되는 판결을 했다가는 큰 불이익을 받기도 했습니다.

하지만 이제는 사법부의 독립성이 보장되는 시대라고 합니다. 아니 사법부 스스로가 권력이나 정파, 여론의 압력에 굴복

하지 않는 판결을 내림으로써 독립성을 유지해야 합니다. 물론 그러한 판결에는 인간의 기본권과 존엄성을 천명하고 있는 헌법 정신이 살아 있어야 함은 두말할 나위가 없습니다.

얼마 전에 국제앰네스티에서 한국의 민주주의가 후퇴하고 있다고 우려하며, 그 근거로 촛불집회 재판, 이길준 의경 실형 선고, 미네르바 구속, 피디수첩 수사 등을 예로 들었었는데, 이 사건들에서 사법부가 헌법 정신을 지키기보다는 권력의 편에 서 있다는 지적이 있었습니다. 그러나 사법부가 권력의 지배를 받고 있다고 단정할만한 실제적 증거는 없습니다.

권력의 지배하에 있다기보다는 유교 근본주의에 젖어 있는 사법부가 지배질서에 대한 순응을 강조하는 판결을 내리고 있다는 분석이 더 타당할 것입니다. 집권자와 동일한 시각을 가지고 있다면 집권자의 의지와 다른 판결이 나올 리 없습니다. 판사들이 유교 근본주의에 사로잡혀서 피지배계층에게 가혹한 결정을 내린다고 생각하는 또 다른 근거는 사법부가 지배계층에게는 지나치게 관대한 판결을 남발하는 것입니다.

선진국에서라면 수십 년의 징역형이 처해질 경제범죄를 우리나라 재벌들이 저지르면 집행유예나 사회봉사 같은 솜방망이 처벌에 그치는 경우가 허다합니다. 중죄를 저질러도 처벌이 유예되는 재벌계급이 있고, 정부 정책을 비판했다고 가혹한 처벌을 받는 서민계급이 존재한다면 우리나라는 자유민주주의 국가라기보다는 신분제를 기반으로 한 유교 근본주의 국가로 치부될 것입니다.

국제엠네스티가 한국의 인권상황이 악화되고 있다고 우려했던 것은 근래에 없던 일입니다. 그들의 우려를 일축할 수도 있습니다만, 사법부가 정치권력으로부터는 독립적 지위를 획득했으면서도 유교 근본주의에 젖어 정치권력과 비슷한 목소리를 내고 있는 것은 아닌지 자문해 보아야 할 것입니다.

11. 주홍 글씨

　나다니엘 호돈(Nathaniel Hawthorne, 1804~1864)은 1850년에 발표한 소설 『주홍 글씨』(The Scarlet Letter)로 미국문학사에 있어서 대작가의 반열에 올랐습니다. 주홍글씨는 17세기 중엽 미국 보스턴 지방의 청교도적 사회를 배경으로 지나치게 엄격한 노넉률을 가진 청교도의 위선을 그리고 있습니다.

　식민지에 남편보다 먼저 도착하여 혼자 살고 있던 헤스터

프린이라는 여인이 아이를 출산하자, 청교도 공동체는 그녀가 간음한 자임을 알 수 있도록 주홍색 A자를 가슴에 달고 살게 하는 형벌을 내리는 것이 소설의 도입부입니다.

문학적 지식이 일천한 저로서는 작가나 작품에 대한 평가와 해석을 내리기에는 역부족입니다. 다만 주홍글씨라는 말이 소설의 제목으로 뿐만 아니라 '사람에게 낙인을 찍어 구별하고 부당하게 차별하는 것'을 의미하는 일반명사로 통용되는 것에 대하여 말하고자 합니다.

나다니엘 호돈이 주홍글씨를 쓴 배경에 청교도 조상들의 위선적인 행적이 큰 영향을 미쳤다고 합니다. 영국에서 메사추세츠로 이주해 온 호돈의 6대 조부인 윌리엄 호돈은 주의회 하원의 대변인을 지냈는데 세일럼 시민군의 대장으로 있으면서 원주민 인디언과 퀘이커교도를 박해하는데 앞장섰고, 그의 아들 존 호돈은 1692년 세일럼에서 행해졌던 악명 높은 마녀재판 당시에 잔인하고 엄격한 재판관 중의 한 명이었습니다.

신의 이름으로 악마를 쳐부순다는 미명아래 무고한 사람들을 박해하고 목숨을 빼앗은 조상들의 반인륜적인 행위는 호돈의 영혼에 깊은 상처를 남겼고, 이는 그의 문학작품에 인간 내면의 어두운 면을 탐구하는 것으로 나타납니다. 그는 조상들의 죄악에 대한 반발로 가문의 이름을 'Hathorne'에서 'Hawthorne'으로 고치기까지 했습니다. 조상의 잘못을 깊이 성찰하여 문학작품으로 고발하고, 성까지 고치는 호돈의 모습은 우리에게 매우 낯설게 느껴집니다.

우리들의 조상 중에도 호돈의 조상 못지않게 잘못을 저지른 사람들이 많이 있었습니다. 일제강점기에 자신의 영달을 위해서 민족을 수탈하는데 앞장섰던 사람들이나, 항일투사들을 잡아들이는데 혈안이 되었던 사람들, 일제가 일으킨 전쟁터의 총알받이로 조국의 젊은이들을 내몰기 위해서 자신의 지위와 재능을 아낌없이 쏟았던 사람이 있었습니다.

그러나 그 후손들은 호돈과는 정반대의 태도를 취하고 있습니다. "그 시절에 다 그럴 수밖에 없었지 않느냐?", "지난 일을 가지고 새삼스레 상처를 들쑤시느냐?", 심지어는 "일본이 근대화를 시켜주지 않았느냐?"라는 등의 적반하장격의 주장을 하기도 합니다.

과거 독재정권 시절에는 무고한 사람들을 잡아다 고문하고 간첩으로 몰아 사형을 시킨 적도 여러 번 있었지만, 독재자의 후손들이 조상의 잘못을 진지하게 성찰하는 모습은 찾아보기 어렵습니다.

자신의 조상을 비판하는 글을 썼다고 평생 삿갓을 쓰고 다녔다는 조선 선비의 사례로 알 수 있듯이 유교 근본주의적 입장에서 볼 때 조상은 신성불가침한 존재입니다. 자신의 조상이라는 사실을 몰랐던 상태에서 비판한 것임에도 평생 하늘을 가리고 살았다는 김삿갓의 전설은 조상의 잘못을 언급하는 것이 패륜임을 일깨워 줍니다.

그러나 조상의 악행이 후손에 의해 정당한 것으로 선전되어서는 안 될 일입니다. 조상들의 죄악을 정당화하는 후손들의 태도는 조상들로 인하여 고통 받고 목숨을 빼앗긴 사람들의 후손들을 비롯하여 다른 국민들에게 새로운 상처를 주고 분열을 조장할 뿐입니다.

조상의 잘못을 깊이 성찰하고, 그것이 죄악임을 고백한 호돈의 태도는 미국인들에게 큰 영감을 주었습니다. 미국의 선조들이 잘못한 것에 대하여 솔직히 반성하는 사회적 분위기를 형성한 것입니다. 인디언 토벌 작전이나 흑인 노예제도 같이 선조들이 실행했던 잘못된 정책을 성찰하고 비판하는 전통을 세울 수 있었기에 미국은 다양한 인종과 민족이 섞여 있음에도 강한 결속력을 가진 공동체를 만들 수 있었습니다.

1950년 6월 25일 북한군의 공격으로 시작된 한국전쟁은 우리사회를 공산주의와 반공주의라는 극단적 방향으로 갈라놓았습니다. 전쟁 이전부터 좌우의 대립이 있었지만, 전쟁의 와중에 서로가 상대방을 '반동분자'로 혹은 '빨갱이'로 몰아 학살하였고, 그로인한 불신과 원한의 골은 휴전협정을 맺은 지 56년이 지났지만 치유되지 않고 있습니다.

북한군은 점령지에서 우익인사들을 처형하고, 국군과 경찰은 북한군이 점령했던 지역을 수복하자 좌익인사와 북한군에 부역했던 사람들을 처형하는 악순환이 계속되었습니다.

휴전으로 전쟁이 끝나자 남북한 모두 전쟁 중에 상대방에 협력했던 사람들을 색출하여 처벌함으로써 체제를 공고히 하고 주민들의 사상을 통제하였습니다. 이승만 정권은 개전 초기에 국군이 이기고 있다며 서울 시민에게 동요하지 말고 생업에 전념하라고 선전을 한 후 정작 대통령은 그날로 도망했었습니다. 그리고 국토의 대부분을 인민군에게 빼앗겼다가 연합군의 도움으로 겨우 전세를 역전시킬 수 있었습니다.

하지만 이승만 정권은 서울이 수복되자 '비상사태하의 범죄처벌에 관한 특별조치법'을 선포하고 대대적으로 부역자들을 색출하기 시작했습니다. 국토의 대부분이 인민군 치하를 경험했으므로 대부분의 국민들은 자신이 혹시 부역자로 몰리지 않을까 겁을 먹었고, 정권의 잘못을 추궁할 정신을 차리지 못했습니다.

평범한 시민들이 부역을 했다면 그런 원인을 제공한 개전초기의 패전에 대하여 정권과 당국자에게 먼저 책임을 물어야 마땅한 일입니다. 패전의 책임자들에 의해 벌어진 대대적인 부역자 처벌은 결국 정의롭지 못한 결과를 가져왔습니다. 더욱 역설적인 것은 이승만 정권의 실세들 중에서 상당수는 일본 제국주의 치하에서 일제에 부역한 자들이었다는 점입니다.

자신들은 수십 년간 민족을 배반하고 일본의 침략정책에 적극 가담하여 호의호식한 자들이면서, 단 몇 개월간의 북한군 치하에서 살기 위해 협력했던 것도 가혹하게 처벌하고, 그 후로도 계속 연좌제라는 굴레를 씌워 감시와 제재를 가하였습니다. 부역자와 연좌제의 실상은 소수의 부역자를 가혹하게 처벌함으로써 다수의 대중이 지배 이데올로기에 항거하지 못하도록 본보기로 삼았다는 데에 있습니다.

이후 한국 사회에서 가장 두려운 것은 '빨갱이'나 '친북'이라는 낙인이 찍히는 것이었습니다. 빨갱이라는 낙인이 찍힌 사람을 지원했다기는 똑같은 주홍글씨가 새겨질 수도 있으므로 누구도 쉽게 도움을 줄 수 없던 시절이 있었습니다. 박정희 정권이 민청학련사건으로 8명의 무고한 사람들을 북한과 내통한 혐의로 사형에 처한 것은 정치적 반대자를 '빨갱이'로 몰기만 하면 부역과 연좌제의 공포를 체험한 민중들이 감히 정적들의 편에 설 수 없다는 것을 잘 알았기 때문일 것입니다.

몇 년 전에 일본을 찬양하고 독도가 일본 땅이라는 주장을 하는 인터넷 카페가 여러 개 있다는 보도가 있었습니다. 이들 친일카페는 일본 측 지도를 근거로 독도가 일본 땅임을 주장하고, 일본제국주의와 천황을 찬양하고 있다는 보도였습니다.

저는 그들의 주장에 동의하지 않지만 만약 그런 주장을 하는 것에 대하여 처벌하는 법을 만든다고 한다면 단호히 반대할 것입니다. 그것은 볼테르가 "나는 당신의 견해에 찬성하지 않습니다. 그러나 당신이 그것을 말할 수 있는 권리를 끝까지 옹호하겠습니다."라고 말한 것과 맥을 같이합니다.

우리의 헌법이 언론의 자유를 인정하는 것은 모든 사상의 자유로운 표현을 위해서 반드시 필요하고, 어떤 사상도 그 사상 자체로 위험한 것이 아니라는 전제가 깔려 있기 때문입니다. 심지어 나치즘이나 파시즘이라고 해도 그것을 주장하는 것 자체로는 해가 되지 않는다는 말입니다.

파시즘을 실행하여 인간의 기본권을 박탈하거나, 정치적 반대자를 감시하고 탄압할 때 파시즘의 해악이 드러납니다. 그러나 단지 "나는 어찌되었건 일사불란하게 나라를 다스리는 파시즘이 좋다"라고 말하는 것을 억압한다면, 민주주의의 장점인 언론의 자유는 죽고 맙니다.

얼마 전에 한 텔레비전 프로그램에서 미국의 신나치운동에 대한 보도를 한 적이 있습니다. 방송 화면을 보니 나치 문장과 성조기를 결합한 깃발을 든 백인들이 백인 우월주의와 유색인 이민자 추방 등을 외치며 집회를 하는 장면이 나왔습니다. 나치즘과의 전쟁에서 수많은 젊은이들이 희생된 역사를 가지고 있는 미국임에도 불구하고 나치즘을 선전하며 과격한 주장을 하는 것이 자유로웠습니다. 나치즘의 해악을 뼈저리게 경험한 나라이지만 평화롭게 나치즘을 주장하는 한 공권력이 해산을 시키지 않았으며, 그런 주장을 혐오하는 시민들이 맞은편 길에서 "부끄러운 줄을 알아라!"라고 외치며 항의하는 것이 전부였습니다.

저는 공산주의나 김정일 체제가 우리민족이 추구해야 할 사상이라고 생각하지 않으며, 우리가 북한식 사회주의체제로 동화되는 통일이 일어나서는 안 된다고 믿습니다. 누군가 국가기밀을 빼돌려 북한 당국에게 전달하거나 군사적 침략에 도움이 되는 정보를 제공하여 적을 이롭게 한 사람이 있다면 엄중이 처벌해야 함은 두말할 나위가 없습니다.

그러나 단순히 북한 정권의 어떠한 점이 좋다는 발언을 하거나, 북한을 선전하는 책자를 소지하고 있었다는 이유로 형사 처벌하거나, '빨갱이'로 낙인찍어 정치적으로 매장하는 것은 우리가 가진 자유민주주의의 장점을 훼손시키는 것이기 때문에 동의할 수 없습니다.

국가가 시민에게 어떤 사상은 좋고 어떤 사상은 나쁘니 좋은 사상만을 생각하라고 강요해서는 안 됩니다. 좋고 나쁜 사상에 대한 판단 기준은 시민 각자가 가지고 있는 것이며, 시민 각자가 가진 의견이 종합되면 그 사회가 추구하는 사상의 방향이 정해 질 것입니다. 이제는 우리사회에서도 사상의 자유로운 표현을 보장하고 다수자와 다른 사상을 가지고 있는 소수에 대하여 특정 색깔의 글씨를 덧칠하는 것에서 벗어나는 민주적 법체계를 만들어야 할 것입니다.

2009년 1월 20일 서울 용산구 한강로 2가에 위치한 건물 옥상에서 점거농성을 벌이던 세입자와 전국철거민연합회 회원들을 진압하려고 경찰특공대가 작전을 벌이던 중에 화재가 발생하여 시민 5명과 경찰특공대원 1명이 사망하고 23명이 크고 작은 부상을 입은 사건이 발생하였습니다. 참사로 목숨을 잃은 분들의 명복을 빌며, 부상을 입은 분들께서 속히 회복되시기를 기원합니다.

용산에서 참사가 발생하자 많은 경찰관들이 김석기 경찰청장 내정자를 구해야 한다고 목소리를 높였습니다. 경찰관들이 경찰청장 내정자에게 책임을 씌워서는 안 된다며 그를 구하려고 노력했지만 사퇴를 막지는 못했습니다. 저는 당시에 서울지방경찰청장이 사퇴해야 한다고 생각하고 있었기 때문에 'MBC 백분토론'이나 '아고라' 토론방을 대상으로 벌어진 댓글달기운동에 동참하지는 않았습니다.

한 가지 흥미로운 것은 용산참사 이후 새로운 단어가 출현하였는데, 그것은 농성을 벌인 사람들을 '도심 테러리스트'라고 부르는 것이었습니다. 시골에서만 활동하는 테러리스트들과는 달리 도심을 전문적으로 공격하는 테러리스트가 있어서 그 구분이 필요하기 때문에 만든 용어가 아님은 분명합니다. 이 용어를 만든 것은 대테러부대인 경찰특공대가 시민들의 농성을 진압하는데 동원된 것에 대한 비판이 제기되자, 농성자들이 일반 시민이 아니라 화염병을 던지는 도심 테러리스트라고 주장한 것입니다. 테러리스트이므로 대테러부대의 동원이 정당한 것이며, 여러 명이 죽었다고 해도 테러를 벌이던 중에 죽은 것이므로 어쩔 수 없는 일이라는 주장입니다.

그런데 이 용어가 사람에게 주홍글씨를 씌워서 가혹하게 대우하는 형식을 그대로 따르고 있음을 우려하지 않을 수 없습니다. 자신들과 신앙이 다르면 마녀나 이단으로, 정치적 주장이 다르면 빨갱이로 낙인을 찍어 다른 사람이 동조하지 못하게 하려는 심리가 작용한 것입니다. 도심 테러리스트이므로 일반 시민이 아니라는 점을 강조하는 것이 이 용어의 쓰임 목적이며, 일반인과 다른 마녀는 화형에 처해 마땅하고, 빨갱이는 보통사람과 다르니까 감옥에 처넣어야 한다는 논리와 맥을 같이 합니다.

용산에서 많은 인명이 희생되는 참사가 발생한 것은 유류화재에 적절히 대처하지 못했기 때문입니다. 화재의 종류는 A, B, C급화재로 나눌 수 있습니다. 목재나 종이, 매트처럼 속으로 타들어가는 침투성 화재를 A급화재라고 하고, 기름처럼 표면에서 불꽃이 일어나는 화재를 B급화재라 하며, 전기화재를 C급화재로 부릅니다.

A급화재는 직선으로 뻗는 강한 물줄기를 사용하여 목재의 내부까지 물을 침투시켜 불을 끕니다. 겉에서 불이 꺼지더라도 속에서는 계속 탈 수 있으므로 이리저리 뒤져가며 불씨까지 제거해야 합니다.

반면에 B급화재는 기름의 표면에서 발생하는 유증기가 타오르는 화재로써, 강한 물줄기를 뿌릴 경우 물보다 가벼운 기름이 흩어지면서 떠오르기 때문에 화재를 더욱 확산시킬 수 있습니다. B급화재의 진압에는 두 가지 방법이 있는데, 물로 끄는 경우에는 물을 안개처럼 분사시켜 주는 노즐을 사용합니다. 안개처럼 분사된 미세한 물방울들이 뜨거운 불꽃과 만나면서 순간적으로 수증기로 변하고 수증기가 불꽃을 산소와 차단하여 화재를 진압합니다. 또는 화학약재를 물과 섞어 거품을 일으켜 뿌려주는 방법이 있습니다. 불붙은 기름 위에 거품이 덮이면서 산소가 차단되면 불이 꺼집니다.

문제는 유류화재의 두 가지 소화방법 모두 곧은 물줄기처럼 멀리서 소화액을 뿌려 줄 수 없다는 점에 있습니다. 현장 가까

이에 접근하여 바람을 등지고 뿌려주어야 화재를 효과적으로 진압할 수 있기 때문에 소방훈련을 받은 전문 요원도 대형 유류화재의 진압은 쉽지 않습니다.

용산의 농성 현장에 화염병과 시너가 많이 있어서 유류화재의 위험성이 예견되었다면, 이에 대한 충분한 대비가 있었어야 합니다. 물줄기를 안개처럼 뿜어주는 장비나 거품 소화액을 사용할 수 있는 장비를 비치하고 무엇보다도 그것을 화재 현장에 적용할 수 있는 전문소방요원이 있어야 발생한 유류화재에 대처할 수 있다는 말입니다.

그런데 망루에서 유류화재가 발생하자 물대포를 쏘는 것이 전부였습니다. 물대포는 곧은 물줄기이므로 기름을 이리저리 튀게 하여 화재를 확산시킬 수 있고, 유류화재 진압에 효과가 없어 사용해서는 안 되었지만, 현장에 있던 경찰관들로서는 유류화재의 특성을 잘 알지 못했을 것이고 물대포를 쏘는 것 이외에 다른 방법이 없었을 것입니다.

유류화재 발생 시의 대처에 관하여는 진압계획을 세울 때부터 전문가를 참여시켜 도움을 받았어야 합니다. 용산에서 화재가 발생하였을 때 현장에 유류화재에 대처할 수 있는 장비나 인력이 없었던 것이 참사를 키운 원인이라고 볼 수 있고, 경찰 지휘부에서 유류화재가 발생할 수 있는 위험성을 인지하고 있었으면서도 충분한 대비 없이 작전을 서두르다 참사를 불렀다면, 시민들과 특공대원이 희생된 것에 대한 책임이 없다고 할 수 없습니다.

만약 유류화재가 발생할 가능성을 예견하지 못했다면, 7명의 경찰관들이 희생된 동의대 사태에서 아무것도 배우지 못했음을 말해주는 것입니다. 유류화재는 기름 표면에서 발생한 유증기가 발화하는 것으로 목재 화재와는 달리 급속히 확산되는 특징이 있으며, 실내에서는 유증기가 흩어지지 않고 모여 있기 때문에 작은 불꽃으로도 대형 폭발을 일으킬 수 있습니다.

동의대에서도 학생들에게 납치된 전경을 구출하려고 경찰관들이 도서관에 진입하자 학생들이 화염병을 투척하였고, 건물 내에서 급속히 확산된 유류화재에 대처할 수 없었던 많은 경찰관들이 숨지거나 다치는 참사를 빚었습니다. 동의대에서 유류화재로 귀중한 동료들을 잃었음에도 불구하고, 다량의 시너가 비축되어 있고 화염병으로 저항하고 있는 좁은 농성장에 성급하게 경찰특공대를 투입하여 참사가 났다면, 유류화재를 예견하지 못했다고 해서 면책될 수 있는 사소한 과실이 아니라고 할 것입니다.

각목이나 쇠파이프를 휘두르는 집회와 화염병과 같은 인화성 물질을 던져가며 시위하는 것은 비난받아야 합니다. 그러나 시민들이 화염병을 던지면서까지 주장하는 것이 무엇인지 귀 기울이지 않으려는 풍토는 더욱 비난받아 마땅합니다.

조선시대에는 반란에 가담할 경우 삼족을 멸하는 가혹한 처벌이 뒤따랐지만, 농민들의 민란이 수시로 있었음을 역사는 기록하고 있습니다. 관리들과 양반 지주들은 백성들이 가혹한 형벌이 두려워 감히 체제에 도전할 수 없음을 알았기 때문에 원성에도 아랑곳하지 않고 백성들의 고혈을 짜내는데 혈안이 되었습니다. 결국 압제와 수탈이라는 벼랑 끝에 몰린 농민들이 농기구를 들고 관아를 습격하는 경우가 있었으므로, 가혹한 형벌이 민란의 가능성을 높이는 원인이었다고도 할 수 있습니다.

용산에서 불법점거 농성이 있었으므로 진압하는 것은 당연한데, 시민들과 경찰이 사망하는 참사가 벌어졌기 때문에 문제가 된 것이라고 말하는 경찰관들도 있었습니다. 그런 주장이 옳다면, 경찰특공대가 투입되어 한 사람의 사망자나 부상자 없이 농성자들을 체포하였다면 문제될 것이 없다는 말이 됩니다. 그러나 그런 작전성공이 우리 사회에 안정을 가져오는 것이 아니라는 점을 알아야 합니다.

만약 농성장에 있던 철거민들에게 요구하는 보상금의 두 배를 주겠다고 했다면, 농성을 벌이던 사람들은 앞을 다투어 내려왔을 것입니다. 요구하는 보상액만큼만 주겠다고 해도 농성을 시작하지 않았을 것이며, 액수를 조금 조정해 보자는 제안을 했다면 경찰을 투입하지 않고도 해결할 수 있었을 것입니다. 세입자들이 농성을 할 때마다 경찰이 투입되어 체포해 간다면 재개발 조합이나 건설회사가 세입자들의 요구를 들으려 할 리 없으며, 철거와 이전에 따른 보상비를 충분하게 책정할 리 없습니다.

철거민 농성자들이 불법을 저질렀으니 진압하는 것이 합법이라는 논리로 강제진압의 정당성을 확보할 수 있을지는 모르지만, 자신들의 생존권이 위기에 몰리고 아무도 들어 주는 사람이 없다면, 궁지에 몰린 조선시대 농민들이 가혹한 형벌을 각오하고 민란을 일으켰던 것처럼 평범한 시민이 진짜 테러리스트가 될 수 있음을 알아야 합니다. 그리고 평범한 시민이 테러리스트가 되는 사회라면 심각하게 병든 사회라는 것을 누구도 부인할 수는 없을 겁니다. 단순히 법집행의 정당함을 주장하려는 시도에서 나온 것이라고 하더라도, 참사로 희생된 사람들에게 도심 테러리스트라는 주홍글씨를 붙이려는 것은 유가족들에게 "당신들의 남편이나, 아버지는 죽어도 싼 사람이다"라고 말하는 것이며, 치유하기 어려운 상처를 주는 것입니다.

이제 용산사건이 원만하게 합의되었으며 참사로 희생된 시민들의 장례식도 엄수되었습니다. 그러나 세입자가 소외될 수 밖에 없는 재개발 관련규정들이 엄존하고 있고, 세입자들이 생존권을 주장하면서 저항하는 것을 도심 테러리스트라고 생각하는 경찰 지휘부의 시각이 고쳐지지 않는다면 제2의 용산 참사는 언제 어디서든지 재발할 것입니다. 다시 한 번 희생되신 분들의 명복을 빌며, 우리사회가 소외된 사람들도 돌아보며 앞으로 나아가는 사회가 될 수 있기를 기원합니다.

12. 편견의 벽

　존 스튜어트 밀은 『자유론』의 책머리에서 자신의 친구이자 아내였던 해리엇이 『자유론』의 공동 저자임을 밝히고 있습니다. 밀은 25살에 해리엇을 처음 만났는데 1살 어렸던 해리엇은 이미 결혼하여 두 아이가 있는 여자였습니다. 그들은 첫눈에 반해 사랑에 빠졌지만 20년 동안 정신적으로만 교제하였고 해리엇의 남편이 죽고 나서야 결혼하였습니다.

결혼하고 3년 후에 자유론을 집필하기 시작했는데, 밀과 해리엇이 나눈 편지와 노트들을 보면 그들이 『자유론』을 공동 저작하였음을 알 수 있다고 합니다. 해리엇은 밀과는 달리 정치적 자유의 문제보다는 사회적 자유의 문제에 더 관심을 가졌습니다. 빅토리아 시대의 영국사회는 위선적인 도덕관이 만연한 시기였던 데다가 여성에 대한 억압적인 사회분위기는 해리엇으로 하여금 정신적으로 재갈을 물고 있는 것처럼 느끼게 했습니다.

사회적 금기와 관습, 주변 사람들의 억압으로부터 자유로워지고 싶었던 그녀는 밀에게 사회적 자유의 필요성에 대한 영감을 제공하였습니다. 당시까지 전통적인 자유주의 사상가들은 오로지 정치적 자유에 관심을 두었을 뿐입니다. 통상적으로 자유란 정부나 통치자의 구속으로부터의 자유를 의미했습니다. 밀이 정치적 자유에 대하여도 논하였지만, 그가 저술한 『자유론』의 독창성은 정치적 자유뿐만 아니라 사회적 자유가 중요함을 호소하고 있다는 점입니다.

얼마 전까지만 해도 우리나라의 여성들도 해리엇이 살았던 빅토리아 시대 못지않은 억압과 금기가 있었습니다. 제가 어릴 때 어머니가 이웃에 볼 일이 있는데 식전이라서 갈 수가 없다고 말하시는 것을 들은 적이 있었습니다. 아침을 먹기도 전에 다른 집 여자가 찾아오면 하루 종일 재수가 없다는 금기사항이 있다는 것을 얼마 후에 알았지만, 왜 그런지에 대한 의문은 나이가 들 때까지 풀 수 없었습니다.

마수걸이부터 여자를 태우면 재수가 없다는 생각 때문에 출근길의 여성들이 택시를 잡기 어려운 시절도 있었습니다. 이 같은 사회적 금기사항들은 여성에 대한 편견이 만들어 낸 것입니다. 편견은 그 대상자에게 부당한 사회적 금기나 억압을 강요함으로써 피해를 주지만, 편견을 가진 사람 또한 다양한 사고와 경험을 거부하고 옹색한 정신세계에 갇혀 살게 되므로 걷어내야 할 악덕이라고 하겠습니다.

해리엇이 아름답고 명석한 여인이었다고 해도 밀의 사고 속에 여성에 대한 완고한 편견이 사리 집고 있었다면 다양한 주제의 자유를 설파한 『자유론』은 태어나지 않았을 것입니다.

여성에 대한 편견의 벽을 허문 밀은 헤리엇이 죽은 후에 양성 평등을 주장한 『여성의 종속』을 저술하였고, 하원의원에 당선되어 여성의 참정권을 주장한 최초의 정치인이 되었습니다.

사전적 의미로 편견은 '어떤 사물·현상에 대하여 그것에 적합하지 않은 의견이나 견해를 가지는 태도'를 이르는 말입니다. 편견은 골이 깊고 넓을수록 메우기 힘들다고 할 수 있는데, 어렸을 때부터 편견이 형성된다면 더욱 그렇다고 할 수 있습니다.

저는 초등학교 5학년 때에 경기도에서 서울로 전학을 했습니다. 그런데 서울로 전학한 후에 한 급우로부터 "전라도 사람들은 끝이 안 좋아서 나중에 꼭 배신을 한 대"라고 하는 말을 들었습니다. 그 이전에 전라도 사람들에 대한 정보를 전혀 가지지 못한 상태였고, 그 지방에 대한 관심도 갖지 않았던 상태에서 상당히 부정적인 정보를 접하게 된 것입니다. 그렇게 넓은 지역의 사람들이 좋지 않은 성벽을 지녔다고 하는 것이 꽤 충격적이었는지 그 후로도 전라도 사람들에 대한 편견이 담긴 말을 들을 때마다 초등학교 시절 급우의 말이 떠오르곤 했습니다.

저의 아버지는 경기도 출신이고, 어머니는 충청도 출신입니다. 아내를 경상도에서 얻었으니 저의 친인척 중에 전라도 출신은 찾아볼 수 없습니다. 그러나 제가 존경하는 선배나 절친한 동료들 중에서 많은 수가 전라도 출신이며, 전라도 출신 친구들을 뺀 저의 삶은 상상하기 어렵습니다.

사실 어떤 공동체이든지 집단적으로 따돌림을 당하는 지역 사람들이 있어왔습니다. 오래전에 돌아가신 저의 숙부께서는 일제 강점기 때에 만주에서 사셨던 적이 있습니다. 그 시절의 이야기를 하실 때마다 평안도 사람 전체를 좋지 않게 표현하는 것을 여러 번 들은 적이 있었습니다. 제가 보기에 그분에게는 어렸을 때부터 서북인에 대한 편견이 깊게 자리한 것 같았습니다.

조선시대에는 서북인에 대한 차별이 심해서 홍경래의 난을 비롯한 많은 반란사건이 서북지방에 대한 차별이 원인이 되어 일어났다고 합니다. 반면에 호남지방에서 차별을 견디지 못하고 반란을 일으켰다는 기록이 없는 것으로 보아, 호남인에 대한 편견이나 차별이 퍼진 것은 광복 이후라고 하겠습니다.

광복 이후 남북이 갈리어 더 이상 서북인을 따돌릴 수 없게 되자, 호남인이 따돌림의 대상이 되었는지도 모릅니다. 특히, 박정희 정권이 대통령 선거전에서 김대중 후보와 고전을 치른 이후 더욱 차별이 심해져서 지역감정이라는 치유하기 힘든 병을 만들고 말았습니다.

한심한 것은 정치인들이 자신의 정치적 목적을 달성하기 위해서 지역감정을 악용한다는 점이며, 국민들 중에서 그런 정치인의 농간에 놀아나서 투표를 하는 사람들이 많다는 점입니다.

어떤 정당도 하나의 정당이 사회를 구성하는 모든 계급의 이익을 대변할 수는 없습니다. 재산이 많을수록 누진세를 내게 하는 정책을 쓸 경우 노동계급에게는 환영을 받겠지만, 재산이 많은 자본계급의 지지를 받기는 어렵습니다. 재산세를 줄이고 간접세를 늘리는 정책을 취할 경우 재산이 많은 사람들로부터는 환영을 받겠지만, 재산이 없거나, 빠듯한 수입으로 살아야 하는 서민들의 지지를 받을 수는 없습니다. 한 쪽에 이익이 되는 정책이 다른 쪽에 손실을 줄 수 있기 때문입니다.

그런데 지역감정을 자극하면 이런 모든 것을 뛰어넘어 정치적 목표를 이룰 수 있습니다. 우리사회에서는 부유한 계층의 이익을 대변해 온 정당임에도 그 지역 출신 정치인이 만든 정당이라는 단 하나의 이유만으로 노동자나 농민, 소상공인 등 지역의 모든 계층이 지지하고 나서는 기이한 현상이 수십 년째 이어지고 있습니다. 노동자나 농민의 이익에 반대되는 법안에 찬성한 국회의원이라고 해도 지역감정을 동원하면 노동자와 농민의 지지를 받을 수 있다는 말입니다.

많은 사람들이 지역정당으로는 자신이 속한 계층의 이익을 대변할 수 없다는 것을 알고 있습니다. 그러면서도 싫어하는 지역의 정당이 세력을 넓히는 것을 염려한 나머지 자신이 속한 계층의 이익을 대변하는 정당에게 표를 주지 못하고 있습니다.

그런 현상이 나타나는 것은 어릴 적부터 편견으로 굳어진 고정관념을 극복하기 어렵기 때문입니다. 다른 지역에 대한 편견에서 벗어나는 것이 두려운 분들을 위해서 미국의 사례를 들어 보겠습니다.

미국의 많은 백인들에게는 흑인이나 소수인종에 대한 부정적 관념이 남아 있는 것이 사실이지만, 그들은 정치인이 인종차별적 말이나 행동을 하는 것은 용납하지 않습니다. 즉, 자신은 흑인이나 소수인종이 왠지 꺼려지고 어울리고 싶지 않다고 생각하고 있더라도, 인종차별적 견해를 가지고 있는 정치인은 도태시킨다는 말입니다.

정치인이 공공연히 인종차별적 발언을 하거나 편견에 영향을 받은 법안을 제출한다면, 다인종 국가인 미국의 기초는 균열될 것이며, 국가의 기반 자체가 붕괴할 수도 있다는 인식이 있기 때문입니다. 미국이 수많은 인종과 민족이 얽혀 있으면서도 강한 단결력을 유지하는 비결은 편견이나 차별의식을 가진 정치인을 용납하지 않는 유권자들의 매서운 눈이 존재하기 때문입니다.

저는 경상도 사람들이 전라도 사람들을, 혹은 전라도 사람들이 경상도 사람들을 억지로라도 좋아해야 한다고 생각하지는 않습니다. 그러나 상대방 지역을 폄훼하거나 자신이 속한 지역의 이익만을 주장하는 정치인에게는 표를 주지 않는 지혜가 있어야 하며, 그것은 다른 지역 사람들도 마찬가지입니다.

국가를 위해 봉사한다는 뜻을 품은 정치인이라면 지역주의에 기대지 않을 것이고, 지역주의에 기대는 정치인이라면 전체 국민에게 영향을 미치는 입법자로서의 자질을 갖추었다고 볼 수 없을 것입니다. 지역주의에서 벗어나 표를 던지겠다고 할 때 자신이 속한 계층의 이익을 어떤 정당이나 정치인이 대변해줄 수 있는지 보일 것입니다. 지금까지 해왔던 것처럼 지역주의를 기반으로 한 정당이나 정치인에게 투표하는 것을 그만두지 않는다면, 우리사회의 갈등은 치유되기 어려울 것입니다.

또한, 동서로 극명하게 갈린 지역정당 체제를 극복하지 못한다면, 훗날 역사가들이 대한민국이 멸망한 중요한 원인 중에서 하나로 '치유하지 못한 지역갈등'을 꼽을지도 모를 일입니다.

미국에서 흑인 대통령이 탄생하였지만, 미국사회에서 흑인들에 대한 편견이나 차별이 사라졌다고 단언할 수는 없습니다. 그러나 분명한 것은 미국이 법과 제도에 관한한 어떤 나라보다도 인종차별적 요소를 제거하였다는 점입니다.

오히려 소수인종에 대한 우대정책을 시행하였고 오바마 대통령도 그 혜택을 받았다고 합니다. 법과 제도에 있어서 인종차별적 요소를 제거하였음에도 불구하고, 미국에서 인종차별이 사라졌다고 볼 수 없는 것은 흑인에 대한 사회적 편견과 그것으로 인한 차별이 여전히 남아있기 때문입니다. 여성에 대한 차별도 마찬가지여서 '유리천장'이라는 용어를 사용하기도 하는데, 눈에 보이는 제도적 차별은 없지만 여성이 사회에서 일정한 직위 이상으로 승진하기 어려운 현실을 이르는 말입니다. 사회적 편견이 남아 있는 한 법률이나 제도를 정비하는 것만 가지고는 차별을 완전히 없앨 수 없습니다.

미국에서 노예제도가 폐지된 후에도 오랫동안 인종차별적 법률과 제도가 존재하여 흑인이 백인과 동등한 대우를 받지 못했습니다. 그러한 법률과 제도가 폐지된 지금도 미국 사회에서 인종차별에 관한 논쟁이 그치지 않는 이유는 흑인에 대한 사회적 편견과 차별까지 완전히 없애지 못했음을 말해 주고 있습니다.

법과 제도는 국가가 고칠 수 있지만 그 사회에 널리 퍼져 있는 편견의 벽까지 국가가 허무는 것이 쉬운 일이 아닙니다. 그러나 법률이나 제도에서의 차별적 요소가 정비되어 있다면 사회적 편견은 공동체를 구성하는 사람들이 노력 여하에 따라서 완화시킬 수 있다는 점에서 희망을 가질 수 있습니다.

최악의 경우는 법적 제도적 차별이 존재하고 있어서 사회적 편견을 더욱 공고히 하는 것입니다. 공공장소에서 흑인이 백인 전용 화장실에 출입할 수 없게 하는 제도를 시행한다면, 백인들의 의식 속에서 "흑인은 우리의 공간을 침범할 수 없는 열등한 존재"라고 하는 사회적 편견을 사라지게 할 수 없을 것입니다.

제가 이륜차를 이용하여 낯선 길을 여행하다가 사람들에게 길을 물어보면, 승용차로 여행하며 길을 물어 볼 때보다 "모른다"라는 대답을 훨씬 많이 듣게 됩니다. 평소 이륜차에 대한 부정적 인식을 가진 사람이 의식적이든 무의식적이든 그것을 탄 사람과의 대화를 기피하는 것이 아닌가 하는 생각을 해 보았습니다. 이륜차에게는 주차장 진입을 금지하는 건물이 있고, 이륜차에게는 기름을 팔지 않는 주유소가 있다는 불평이 인터넷에 뜨기도 합니다. 이렇게 이륜차에 대한 사회적 편견과 차별은 국가가 시정하기 어려운 부분이며, 이륜차 사용자들은 사회적 편견과 차별까지 국가가 해결해 주리라 기대하지도 않습니다.

그러나 국가가 이륜차 사용자를 차별하는 법률을 시행하는 것이나, 국가기관인 헌법재판소가 "이륜차는 고속도로에 다닐 수 없을 정도로 위험한 물건"이라고 규정함으로써 이륜차에 대한 편견을 심화시키고, 차별을 공고히 하는 것까지 이륜차 사용자들이 너그럽게 받아들일 수는 없는 일입니다.

13. 이륜차의 즐거움

 사람들은 이륜차를 탈 때 자신의 몸과 이륜차가 하나가 되어 움직이고 있다는 느낌이 든다고 합니다. 온몸으로 바람을 가르며, 자신의 몸으로 중심을 잡고, 회전할 때는 몸으로 차체를 적절한 각도로 기울여야 하는 이륜차 조종의 특성상 그렇게 느껴지는 것입니다.
 사륜차를 운전할 때는 변속기와 가속기를 적절한 위치에 놓고, 조향장치를 움직여 자동차를 조종합니다. 자동차의 끝단이 다른 물체와 일정한 거리를 유지하도록 주변을 살피며 회전할 때 운전자와 커다란 사각형의 기계가 한 몸과 같다고 느끼기는 어렵습니다.

자신과 자동차가 한 몸처럼 움직이는 느낌은 이륜차를 타는 즐거움의 출발점일 뿐입니다. 도심을 통과할 때는 열기와 사람 냄새를, 한적한 숲길을 지날 때는 청량함과 풀 향기를 스쳐 가는 바람이 온몸으로 전해줍니다. 양팔을 앞으로 내밀어 손잡이를 잡는 자세는 어떤 풍경이 앞에 펼쳐져 있든지 그 속으로 뛰어드는 느낌을 갖게 합니다. 이런 즐거움이 있어서 비록 고속도로에는 들어갈 수 없음에도 많은 사람들이 이륜차를 타고 있습니다.

그런데 일부 이륜자동차의 운전자들 중에서는 사륜자동차보다 목적지에 빨리 도착할 수 있다는 측면을 즐거움으로 생각하기도 합니다. 고속으로 주행 중인 자동차 사이를 이리저리 피해서 빠져나가기도 하고 신호를 지키지 않는 것은 물론

이고 보행자들이 이용해야 할 보도를 거리낌 없이 주행하기도 합니다. 큰 소리의 배기음을 이륜차를 타는 즐거움으로 생각하는 사람들도 있습니다. 소음기 속의 흡음재를 제거하기도 하고 큰 소리를 낼 수 있는 소음기로 바꾸기도 합니다.

그런데 후자의 즐거움을 충족하려면 대부분은 법규를 위반해야 가능하다는 문제점이 있습니다. 헌법재판소의 결정문 중에는 "현재 일부 이륜자동차 운전자들은 낮은 교통질서 의식과 나쁜 운전습관을 가지고 있고, 그로 인하여 도로 정체 시 차량 사이의 빈틈 운행, 급차선 변경, 무분별한 끼어들기, 중앙차선의 침범, 과속, 과도한 소음발생, 곡예운전 등 다른 운전자들의 주의력을 산만하게 하고 사고위험을 증가시키는 운전행태를 보이고 있다."라고 지적하고 있습니다.

물론 이 지적 중에서 '도로 정체 시 차량 사이의 빈틈 운행'이 비난 가능성이 있는 행위인가에 대하여는 재론할 여지가 있고, 나머지 무질서 행위에 관해서는 사륜차 운전사들도 자유롭지 못하다고 이륜차 운전자들은 생각합니다.

또한 위와 같은 무질서 행위의 대부분은 '엔진이 달린 두 바퀴의 탈것' 중에서 98%를 차지하는 원동기장치자전거의 운전습관을 보고 지적한 것이므로 전체에서 2%도 되지 않는 이륜자동차에 그대로 적용하는 것은 적절치 않다는 반론을 제기할 수도 있습니다.

더욱이 사륜차 운전자들에게는 법규를 잘 지키는지 여부를 묻지도 따지지도 않고 고속도로 출입을 허용하면서도, 이륜자동차 운전자들에게는 법규를 잘 지키거나 말거나 출입을 전면 금지한 것 자체가 차별 의식의 발로라는 것입니다.

그러나 사륜차 운전자도 교통질서 의식이 철저하지 못하다는 주장이 이륜차 운전자들의 무질서 행위를 정당화시킬 수는 없습니다.

또한 고속도로 통행금지가 일반도로에서의 과속과 난폭운전을 면책시켜 주지 못하며, 이륜차에 대한 단속이 제대로 이루어지지 않고 있다는 점이 원동기장치자전거나 이륜자동차 운전자들의 일상적인 위반행위를 변호해 줄 수 없습니다.

이륜자동차 운전자들 중에서는 음식배달이나 택배, 또는 폭주족들이 원동기장치자전거로 무질서한 운행을 한 것 때문에 이륜자동차까지 피해를 입고 있다고 주장하지만, 헌법재판소의 지적대로 일부 이륜자동차의 운행질서가 바람직하지 못하다는 점은 부인할 수 없습니다.

운전을 하다보면 교통법규를 완벽하게 지키는 것이 쉽지 않음을 알 수 있습니다. 신호를 착각하거나 표지판을 미처 확인하지 못할 때도 있고, 응급환자가 있거나 기타 긴급한 사정이 있을 때는 다른 교통에 방해를 하지 않는 선에서 법규를 위반하기도 합니다. 그런데 운전자의 실수나 긴급한 사정이 일상적으로 일어난다고 볼 수는 없으므로 현재 우리사회에서 벌어지는 교통법규 위반행위의 대부분은 별 일 없을 거라는 막연한 생각의 결과라고 하겠습니다. 제가 한 사람의 운전자로서, 혹은 교통법규 위반자를 단속할 때의 경험에 비추어 교통법규를 대하는 운전자들의 태도를 네 가지로 생각해 볼 수 있었습니다.

1. 교통법규를 철저히 지키는 운전자.
2. 급한 일이 있는 경우를 제외하면 교통법규를 잘 지키는 운전자.
3. 다른 교통에 방해가 되는 경우만 교통법규를 지키는 운전자.
4. 일상적으로 교통법규를 지키지 않는 운전자.

첫째 집단에 속하는 운전자는 누가 보든지 안 보든지 법규를 잘 지키는 경우에 해당하며, 통행이 한적한 도로에서도 신호등의 정지신호를 잘 지키는 운전자입니다.

둘째 집단에 속하는 운전자는 평소에는 교통법규를 잘 지키며 운전하지만 중요한 약속에 늦었다거나, 자신이 긴급한 상황에 처했다고 생각되면 조심스럽게 법규를 위반하기도 합니다. 많은 사람들이 이 유형에 속하며 긴급한 상황의 기준이 느슨할수록 위반행위는 늘어납니다.

셋째 집단에 속하는 운전자는 도심이나 한낮에 사람과 차량의 통행이 빈번하여 자신의 위반행위가 다른 교통에 방해가 될 수 있는 경우라면 어쩔 수 없이 법규를 지키지만, 도심을 벗어나거나 밤이 되어 통행이 한산해지면 별 생각 없이 법규를 위반합니다.

넷째 집단에 속하는 운전자들은 교통이 번잡한 곳이나 한적한 곳을 가리지 않고 일상적으로 법규를 위반합니다.

누구든지 그렇게 생각하겠지만, 첫째와 둘째 집단에 속하는 운전자가 많은 사회일수록 시민들의 질서 의식이 높다고 할 수 있으며, 교통사고의 발생 빈도나 사고로 인한 사상자가 적습니다. 셋째와 넷째 집단에 속하는 운전자가 많다면 그 사회의 교통문화는 후진적이라고 할 수 있으며, 교통사고 발생률이나 사고로 인한 사상자도 많습니다.

제가 유감스럽게 생각하는 것은 음식배달 중인 원동기장치자전거나 택배운송에 이용되는 이륜자동차 가운데 넷째 집단에 속하는 운전자들이 많다는 것입니다. 도심이나 한낮에 통행이 빈번한 도로에서도 아무렇지 않게 교통법규를 위반하는 원동기장치자전거나 이륜자동차를 볼 수 있는데, 이런 낮은 질서의식을 개선하지 못한다면 국민들 가운데 만연한 이륜자동차에 대한 부정적 인식을 바꿀 수 없을 것입니다.

운전자들은 "내가 법규를 위반하는 것은 순간에 불과한 것이고, 단속되지 않고 지나가면 그만이다."라는 생각을 하는 것 같습니다. 제가 그렇게 생각하는 것은 법규를 위반한 운전자들이 "왜 나만 잡나?", "재수가 없으려니 단속에 걸렸다."라는 반응을 보이는 경우가 의외로 많았기 때문입니다. 하지만 단속에 걸리지 않았다고 해서 교통법규 위반행위가 그냥 지나가는 것은 아닙니다.

제가 처음으로 125cc 스쿠터를 사서 아들을 뒤에 태우고 운행할 때였습니다. 횡단보도가 설치된 곳에서 정지신호를 보고 멈추었을 때, 뒤에 타고 있던 아들 녀석이 "아버지, 오토바이를 타는데 왜 신호를 지켜요?"라고 물었습니다. 저는 황당하게 생각하면서도 그런 질문의 배경에는 신호를 지키지 않는 원동기장치자전거를 일상적으로 보아 온 경험이 자리하고 있을 것이라는 생각이 들었습니다.

우리는 특별히 의식하지 않으면서 교통법규를 어기거나 질서를 지키지 않는 모습을 자라는 아이들에게 보여주고 있는 것입니다. 운전자들이 한 순간의 단속만 피하면 된다고 생각하며 법규를 위반할 때, 그것은 뒷좌석에 타고 있는 자녀들이나 주변을 지나는 어린이들에게 "이렇게 해도 괜찮아."라고 가르치는 것입니다.

학교에서 교통법규를 지켜야 한다고 배웠다고 해도, 어린 학생들은 등하교 길에서 보았던 어른들의 법규위반에 더 큰 영향을 받으며, 그들이 어른이 되어 운전을 시작할 때 똑같은 행동을 반복하게 됩니다. 오늘 운전자들이 교통법규를 위반한 원인이 먼 미래의 후손들이 무질서한 환경 속에서 살게 하거나 교통사고를 당하게 하는 결과로 나타날 수 있다는 것입니다.

앞에서 이륜차를 타는 즐거움에 대하여 언급하였지만, 제가 말하고 싶은 것은 이륜차를 타는 즐거움이 교통법규를 지킨다고 해서 사라지는 것이 아니라는 것입니다. 온몸으로 자연을 느끼는 것은 신호를 지키거나 과속을 하지 않아도 사라지지 않습니다.

다른 사람들이 싫어할 정도의 과도한 소음을 내지 않아도 이륜차와 한 몸이 되어 움직이며, 자유로움을 느끼며 이륜차 타기를 즐기는 데는 아무런 지장이 없다는 말입니다.

법규를 지키는 것 때문에 이륜차를 타는 즐거움이 사라진다고 생각하는 사람이 있다면, 이륜차를 타지 않는 것을 선택해야지 법규위반을 통한 이륜차 타기의 즐거움을 선택해서는 안 됩니다.

도로를 비롯한 제반 교통 시설물은 이륜차만을 위한 공간이 아니라 모든 국민들이 공동으로 사용하는 공간이기 때문입니다. 그러므로 택배업에 종사하는 이륜차 운전자가 신속을 요하니 어쩔 수 없다고 주장하는 것이나, 자장면을 배달하는 원동기장치자전거 운전자가 면발이 불어터진다고 주장하는 것도 법규를 위반하는 정당한 이유로 받아들일 수 없습니다.

주말에 이륜차로 나들이를 가다보면 큰 배기량의 이륜차들이 주행 중인 차량들 사이를 고속으로 누비며 추월해 가는 것을 볼 때가 있습니다. 그렇게 무리한 운행을 하면서까지 목적지에 일찍 도착한 사람들이 하는 일이란, 식당에 모여서 이런저런 잡담을 나누는 것이 대부분입니다. 부모님이 위독하다는 연락을 받았다면, 어느 정도 빨리 달리는 것을 이해할 수도 있겠지만, 주말에 그런 연락을 받은 이륜차 운전자가 그렇게 많을 수는 없을 겁니다.

저는 법규를 잘 지키면서도 이륜차의 즐거움을 누리는 건강한 의식을 가진 운전자들이 많아지기를 기대합니다. 그런 이륜차 운전자들이 많아 질 때 이륜차에 대한 부정적인 인식이 수그러들고 이륜차에 대한 사회적 편견의 벽도 낮아 질 수 있을 것입니다.

요즘 유행하는 소위 죽기 전에 해(가) 보아야 할 ○○○ 중에 이륜차를 타는 것을 '죽기 전에 해 보아야 할 50가지' 중에서 하나로 소개하는 것을 본 적이 있습니다. 맞습니다. 교통법규를 잘 지키고, 안전장치를 제대로 갖춘다면, 죽기 전에 한 번쯤 즐겨 볼 만한 것이 이륜차 타기라고 할 수 있습니다.

어떤 사람들은 크고 비싼 이륜차를 구입하여 크롬 부품들을 많이 다는 것을 취미로 삼기도 하지만, 이륜차의 궁극적 즐거움은 바람을 가르며 자유롭게 달리는데 있으며, 그것은 적당한 가격의 이륜차로도 충분히 즐길 수 있습니다.

우리나라는 추운 겨울이 있어서 이륜차를 타기에 적당하지 않다고 생각하는 사람들도 있습니다. 겨울에 이륜차를 타다보면 "춥지 않느냐?"는 질문을 수없이 받습니다. 탈 만 하다고 말하지만, 상대방은 전혀 믿지 못하겠다는 표정이 역력합니다.

그러면 저는 겨울 스포츠인 스키 타기와 이륜차 타기를 비교합니다. 스키장은 대부분 산중에 있으며, 스키 탈 때의 속도도 상당히 빠른 편에 속하며, 불어오는 바람 역시 도심에서의 바람보다 차게 마련입니다. 도심에서 이륜차를 타는 것보다 스키를 타는 것이 훨씬 추운 환경이라고 할 수 있지만, 스키를 타러 가는 사람에게 "추운데 어떻게 스키를 타느냐?"라고 묻지 않습니다. 그것은 방한복과 방한 장갑을 잘 갖추고 타면 견딜 만 하다는 것을 알기 때문입니다. 그러니 방한장비를 제대로 갖춘다면 겨울이라고 해도 이륜차를 타는 것이 추워서 불가능한 일은 아닐 것입니다.

우리나라의 인구를 고려해 본다면 이륜차를 타는 사람들의 수가 선진국이나 소득수준이 비슷한 나라와 비교해도 매우 적다고 할 수 있습니다. 현재 국내에 등록된 이륜자동차는 4만 대가 좀 넘는 수준이며, 그것도 대부분 외국산 이륜차가 점령하고 있습니다.

한국에서 이륜차를 타려고 한다면 곳곳에 설치된 고속도로와 자동차 전용도로를 피해서 다녀야 합니다. 서울 사는 사람이 경상도 지역을 이륜차로 여행하다가 전용도로를 만났다면 큰 낭패입니다. 그곳의 지방도로를 잘 알지 못하는 상태에서는 전용도로 구간을 피해가려다 길을 잃고 헤매기 십상이기 때문입니다.

그것을 다른 말로 하면 이륜자동차로 장거리 여행은 불편해서 불가능하고, 동네에서 시장을 다닐 때나 짧은 거리의 배달용으로 사용하는데 적합하다는 뜻입니다.

우리나라의 이륜차 등록대수가 외국에 비하여 턱없이 적은 것은 비싼 이륜차를 구입해도 활용도가 떨어지기 때문입니다. 고속도로와 전용도로의 통행을 제한하여 이륜차를 사용할 기반이 조성되지 않았으므로, 국내 이륜차 생산업체에서는 원동기장치 자전거를 주력상품으로 생산하고 있을 뿐입니다.

그런데 배달용으로 많이 사용되는 원동기장치 자전거는 값이 싼 중국산이 점령해 가고 있는데, 고부가가치를 가진 이륜차를 생산하자니 통행규제로 인하여 내수시장이 형성되지 않아 개발하기 어렵다고 합니다.

국산 이륜차 중에서 제일 배기량이 큰 650cc 이륜차를 구입하려 해도 차량가격에 엔진가드와 같은 기본적인 옵션을 추가하고, 취득세와 등록세, 보호용 장비 구입비 등을 합치면 1,000만 원 가까운 돈이 필요합니다. 그런 돈을 들여도 출근길에 고속도로를 이용할 수 없고, 전용도로를 이용할 수 없어 장거리 여행이 어려우며, 겨우 주말에 가까운 교외로 나들이하는 용도가 전부라면, 큰돈을 쓰고 싶은 사람은 많지 않을 겁니다.

그러나 이륜차를 이용하여 고속도로로 출퇴근할 수 있고, 서울에서 멀리 떨어진 고향집을 하루에 다녀올 수도 있으며, 승용차보다 기름 값이나 세금 면에서 훨씬 비용이 적게 들고, 주차공간을 덜 차지해서 세를 살면서도 편리하게 주차할 수 있다면, 이륜차 구입을 망설였던 많은 사람들이 구입하기로 결심할 것입니다.

이륜차를 타는 인구가 늘어나야 이륜차 생산업체가 내수시장을 확보할 수 있습니다. 고속도로에서 이륜차의 통행을 규제한 적이 없는 일본의 이륜차 생산업체들은 탄탄한 내수시장을 바탕으로 전 세계의 이륜차 시장을 석권하고 있습니다. 한국에서 이륜차에 대한 고속도로 통행규제를 실시하지 않았다면, 오래 전부터 내수시장의 이륜차 수요가 넓게 형성되었을 것이고, 국내 이륜차업계는 내수시장을 바탕으로 세계적으로 성능을 인정받는 이륜차를 수출하여 일본 업체와 경쟁하고 있을 것입니다.

현재 한국의 이륜차 생산업체는 배기량 125cc 이하의 원동기 생산에 주력할 뿐 배기량 125cc 이상의 이륜차는 몇 종 생산하지 못하고 있습니다. 국내에서도 이륜차에 대한 수요가 늘고 있지만, 국산 이륜차가 차종이나 배기량에서 다양한 소비자의 요구를 충족하지 못하기 때문에 소비자들은 비싸더라도 외제 이륜차를 선택하고 있습니다. 배기량 1,000cc 이상의 이륜차 시장은 100% 외국산 이륜차가 차지하고 있는데, 통행규제 때문에 수요가 적은 이륜차를 국내업체가 수백억 원의 비용을 들여서 개발할 수 없으니 당연한 결과입니다. 앞으로 이륜차에 대한 고속도로의 통행규제가 사라져서 이륜차를 이용한 장거리 여행이 편리해 진다면, 이륜차의 수요가 크게 늘어나게 되고 국내 이륜차 생산업체들은 대형 이륜차를 개발할 수 있는 환경을 맞이할 것입니다.

원동기보다 훨씬 고부가가치를 가진 이륜차 시장은 국내 이륜차업계에게 새로운 성장 동력이 될 것이며, 소비자들에게는 합리적인 가격의 국산 이륜차를 이용할 수 있는 기회를 제공하게 될 것입니다.

■ 마치는 글

2007년 2월에 강북강변로의 광진교 북단에서 구리방면으로 진행하던 이륜차 행렬을 경찰 순찰차가 추격하던 중에 이륜차 한 대가 넘어지면서 운전하던 젊은이가 사망한 사건이 있었습니다. 이 사고로 목숨을 잃은 고 박현수 씨의 명복을 빕니다.

이 사고와 관련하여 현장에 있었던 이륜차 운전자들과 경찰관들 사이에서 엇갈린 진술이 있었던 것으로 기억합니다. 저는 사고가 난 시점에 현장에 있지 않았기 때문에 엇갈리는 주장들 가운데 어느 것이 진실이라고 단정할 위치에 있지는 않았지만, 한 가지 아쉬움을 떨칠 수가 없었습니다.

그 사고가 있기 한 달 전인 2007년 1월 헌법재판소에서 이륜자동차가 고속도로 등에 통행할 수 없게 한 법률이 정당하다는 결정을 내렸기 때문입니다. 만약에 헌법재판소에서 "이륜자동차도 다른 자동차와 마찬가지로 국가가 정한 안전규칙에 적합하게 생산되고 있으며, 이륜자동차 사용자들이 다른 자동차 사용자와 동일하게 납세의 의무를 이행하고 있고, 자동차 운전면허를 취득해야 운전할 수 있는 등, 규제를 받거나 의무를 이행하는데 동일한 조건하에 있음에도 이륜차 사용자에게만 특정한 도로의 출입을 전면적으로 금지하는 법률을 시행하는 것은 이륜차를 사용하는 국민의 평등권을 침해하여 헌법에 위반된다."라는 결정을 내렸다면 어떻게 되었을까 하는 생각을 하지 않을 수 없었습니다.

이륜차에 대한 차별법이 위헌이라는 결정을 내렸다면, 순찰차가 고 박현수 씨의 일행을 정지시키려 하지 않았을 것이고,

그가 넘어져 사망하는 일도 없었을 것입니다. 물론 헌법재판소의 결정이 고 박현수 씨의 죽음과 직접적인 인과관계를 구성하는 것은 아닙니다. 그렇지만 이륜자동차 사용자들은 이륜자동차 사용자들의 권리를 인정치 않은 헌법재판소의 결정이 고 박현수 씨가 사고를 당한 한 가지 원인이라고 생각하고 있습니다.

국민을 다스리는 대상이라고 생각하고, 관료들이 이런저런 부당한 간섭을 하더라도 군소리 하지 말고 따라야 한다는 헌법재판소의 안일한 발상이 한 젊은이를 죽게 한 것입니다.

저는 고 박현수 씨의 죽음을 보면서 직접 고속도로에 진입해서 다시 헌법재판을 진행하기로 마음먹게 되었습니다. 두 번의 헌법재판에서 이륜차 운전자들의 권리침해를 시정하지 못하였지만, 전혀 성과가 없었던 것은 아닙니다. 헌법재판관들이 이륜차에 대한 무지와 편견을 드러내며, 이륜차를 사용하는 국민을 차별하는 법을 정당화함으로써 헌법 정신을 외면했다는 사실을 역사에 남길 수 있었습니다.

전원일치의 결정으로 국민의 자유와 평등을 부정하고, 헌법을 있으나마나한 '개법'으로 만든 사람들이 누구였는지 후세에 전하게 되었다는 점이 무엇보다도 큰 성과라고 할 것입니다. 그러나 여전히 우리사회에 이륜차 사용자의 권리를 침해하는 제도가 엄존하고 있으며, 이륜차 사용자들에게는 자신의 권리를 되찾아야 하는 과제가 남아 있다고 하겠습니다.

인간으로서 동등하게 대우받을 권리를 박탈당한 이륜차 운전자들이 행정관청이나 헌법재판소에 시정을 요구하였음에도 번번이 정당한 권리회복 요구가 무시된다면, 그것을 시정하기 위해서 부당한 제도에 불복종하는 것은 시민적 권리라고 할 수 있습니다.

물론, 불복종운동에는 전국에 흩어져 있는 이륜차 운전자들의 각성과 단결이 필요한 일이지만, 자신의 권리를 되찾을 각오가 되어 있다는 이륜차 운전자들이 끊임없이 나타난다면, 전 세계의 모든 고속도로와 마찬가지로 한국의 고속도로에서도 이륜차의 통행이 자유로워 질 날이 반드시 올 것입니다.

제가 이 글에서 주장한 민주주의 원칙이나 악법에 대한 불복종 이론 등은 대학교의 교양과목 수준의 교재가 말하는 민주주의나 사회제도에 관한 이론의 내용을 벗어나지 않습니다.

그런 점에서 볼 때 시민의 자유와 권리를 부당하게 제한하는 비민주적 법률과 반인권적 제도를 용인하는 우리사회의 관행은 대학의 교양과목에서 가르치는 정도의 민주주의의 원칙에서도 벗어나 있다고 생각할 수 있습니다.

그리고 사법부나 헌법재판소의 반민주적 판결이 통할 수 있다는 것은 그만큼 우리사회에 유교 근본주의적 사고방식이 널리 퍼져 있음을 말해 주는 것입니다.

이륜자동차로 고속도로를 주행한 것은 단순한 교통법규 위반이었지만, 징계권자는 이전에 문제 삼지 않았던 이름표와 콧수염까지 얹어서 파면이라는 징계를 내렸습니다. 이름표와 콧수염이 징계사유에 포함되어서 제가 여러 가지 소송을 동시에 진행할 수 있었으므로 지금 생각해 보면 다행한 일이었습니다. 비록 이름표에 관한 소송에서는 패했지만, 행정소송을 진행하면서 사법부가 헌법이 보장하는 행복추구권이나 인간의 존엄성에 대한 성찰이 부족하다는 것을 알게 되었습니다.

경찰청장에게 인간의 존엄성과 행복추구권을 법률적 근거 없이 박탈할 수 있는 포괄적이고 광범위한 재량권이 있다는 판결에는 말문이 막히고 말았습니다.

그래서 글의 상당한 부분을 헌법재판소나 법원의 결정을 비판하는데 할애하였습니다. 저는 재판을 함에 있어서 법원이 항상 저의 주장을 받아들이는 것은 아니라는 사실을 이해하고 있으며, 불리한 결정도 받아들여야 함을 알고 있습니다. 소송에서 졌다고 무조건 판사들을 비방하는 것은 바람직하지 않은 행동입니다.

그럼에도 불구하고 제가 판결에 대하여 비판하는 것은 재판에서 이기고 짐을 떠나서 헌법재판소의 결정문이나 법원의 판결문에는 대한민국 헌법이 지향하는 정신이 담겨 있어야 한다고 믿기 때문입니다.

생명, 자유, 행복추구라는 권리는 인간에게 있어서 양도할 수 없는 권리라고 말합니다. 그런 권리를 양도할 수 있다면 노예나 다름없을 것입니다. 그러므로 헌법재판소나 법원이 그러한 권리를 양도하라는 판결을 내려서는 안 됩니다.

그런데 헌법재판소는 이륜자동차 사용자들에게 자동차 사용자로서의 자유와 행복추구권을 국가에게 양도하라는 결정을 내렸고, 사법부는 경찰관의 행복추구권과 인간으로서의 존엄성을 경찰청장에게 양도하라는 판결을 내렸습니다. 이러한 비민주적이고 반인권적인 결정과 판결을 내린 법관을 존경하고, 무조건 권위를 인정해 줄 수는 없는 일입니다.

헌법재판관들이나 법관들은 헌법의 가치를 지켜야할 가장 큰 책임을 지고 있는 사람들입니다. 그들이 유교 근본주의적 사고방식에 젖어 있다면, 이륜차에 대한 차별을 수용하는 결정이나, 법률적 근거 없는 이름표 강요가 정당하다는 판결에서 무엇이 잘못되었는지 알지 못할 것입니다.

우리가 가진 제도 중에서 잘못된 점을 알고 있다면 쉽게 개선방안을 찾을 수 있지만, 그것을 모른다면 영원히 문제를 개선할 수 없습니다.

그리고 우리가 자유민주주의적 시각을 가지고 있을 때 발견할 수 있는 비민주적인 법률이나 제도도 유교 근본주의적 시각을 가지고 있다면 무엇이 문제인지 발견할 수 없습니다.

이 글이 이륜차에 대한 차별과 경찰관 제복에 이름표를 강요하는 제도를 비판하고 있지만, 이륜차 차별이 폐지되고 경찰관의 제복에서 이름표가 사라진다고 해도, 이 글이 던지는 질문은 유효할 것입니다.

그것은 "우리사회가 자유민주주의의 개념을 충족하는 사회인가?", "공동체 내에서 편견과 차별로 고통 받는 사람은 없는가?", "우리의 사법부와 헌법재판소는 헌법이 규정하는 인간의 권리를 보장하는데 충실한 기관인가?"라는 질문들입니다.

법관윤리강령은 "법관은 국민의 기본적 인권과 정당한 권리행사를 보장함으로써 자유·평등·정의를 실현하고, 국민으로부터 부여받은 사법권을 법과 양심에 따라 엄정하게 행사하여 민주적 기본질서와 법치주의를 확립하여야 한다."라고 시작합니다. 법관윤리강령에서 말하는 것처럼 국민의 기본적 인권과 정당한 권리행사를 보장하는 판결들이 넘치기를 기원합니다.

■ 인물탐구 | 박동성

기드온의 나팔

김 정 례 (소설가)

사람은 누구나 다 제멋에 겨워 산다. 그 제멋에 겨워 사는 삶을 나무랄 이유는 없다. 나름대로 자기 신념이 있을 것이기 때문이다. '2륜 자동차로 편견 넘어가기'의 원고를 대했을 때 불현듯 떠오른 인상적인 뉴스 한 토막, 현직 경찰관 등 5명이 고속도로 오토바이 통행금지에 항의하며 오토바이를 타고 고속도로를 달리다 도로 교통법 위반 혐의로 입건된 사건이었다. 이유야 어떻든 현직경찰인 그의 행동이 용감하다고 해야 할지

무모하다고 해야 할지……. 너무도 의외의 사건이어서 기억에 남아 있었는데 이번에는 그가 쓴 글이 내 앞에 놓여졌다.

글의 부제 '개법'. 개법이란 단어가 화살처럼 날아와 눈에 박혔다. 시대가 바뀌고 정권이 바뀌었어도 우리의 기억에 각인된, 언론이 통제되고 봉쇄됐었던 시대의 잔영에서 완전히 벗어나지 못했는지 여전히 체제를 비판하거나 현 정부 정책에 대해 강성 반론을 편 글을 보면 예전의 그 검열에 길들여진 두려움이 고개를 번쩍 치켜든다. 과연 이 글을 출판해도 무사할까? 하는 어처구니없는 우려와 함께 노파심이 앞섰다. '2륜자동차로 편견의 벽 넘어가기'의 선입견이 그랬다. 그러나 글 내용을 읽어가면서 그 자신이 경찰관으로서 경험한 잘못된 일부 헌법 조항의 오류를 조목조목 지적해가며 전개해간 논리적 타당성에 우선 크게 놀랐다.

대한민국 헌법 제1조 대한민국은 민주 공화국이다. 1항, 대한민국의 주권은 국민에게 있고, 모든 권력은 국민으로부터 나온다, 했는데 바로 국민을 위한 그 법이 민주적 가치를 충족시키기 어려운 조항이 있거나 국민의 기본권에 현저한 장애를 준다면 국민은 누구나 당연히 잘못을 잘못이라고 지적하며 법 개정을 촉구하고, 당당히 이에 이의를 제기하는 것이 옳다는 것이 그가 쓴 글의 주제이자 목적이며 주장이다.

흔히 가능성이 없는 일에 도전하는 경우를 가리켜 계란으로 바위치기라는 말을 한다. 한 개인이 국가 헌법의 오류를 지적하며 개정을 촉구하는 일을 하는 그가 바로 그런 경우이다. 그러나 계란으로 바위를 치는 허망하고 무위한 행동이 정당한 지적으로, 신념과 집념이 바탕이 되면 그것은 물방울이 된다. 물방울 하나는 비록 힘이 없고 작지만 물방울이 모이고 계속되면 기어이 바위를 뚫는다. 그는 그 첫 물방울이다. 기드온의 나팔이다.

지난 1월 출판사 사무실로 찾아온 그를 만났다. 첫인상이 탱크 같다. 건장한 체구에 운동선수 같은 다부진 느낌이. 그는 눈빛이 맑다. 희끗희끗한 반백의 머리가 걸맞지 않을 만큼 젊은

느낌의 중년 남성.

그는 어떤 사람일까?

이름 박동성, 1960년 5월 경기도 전곡에서 태어났다. 세살 때 동두천으로 이사하여 초등학교 5학년 초까지 살다가 또 이사하게 되어 그는 서울 봉천동 은천 초등학교로 전학, 초등학교를 졸업하고 봉천중학교를 거쳐 서울 공고에 진학했다. 중학교 3학년 때 고등학교 진학을 앞두고서 그는 자신의 진로문제로 조금도 고민하지 않았다. 어려서부터 긍정적인 성품의 그는 집안의 경제사정을 잘 이해하였으므로 당연한 듯 실업계 고교를 선택한 것이다.

아버지는 동두천 미군부대에 근무하셨고 월남에도 군속으로 파견 근무를 하여 집안이 꽤 유복했었는데 귀국 후 아버지의 잇따른 사업실패로 가세가 기울어 당장 먹고사는 문제로 급급하였다. 아버지는 당신 나름대로 어떻게든 살아보려고 택시운전을 시작했으나 거푸 사고를 내는 바람에 그 뒷수습에, 아버지의 옥바라지로 집안 사정은 더욱 말이 아니게 됐다.

동성은 물론 형과 누나 모두 고등학교를 겨우겨우 다녔으니 대학 진학의 꿈은 애당초 접어야 했다.

일찍 철이 든 동성은 어려운 집안 사정을 감안하여 중학생 신분으로 영세민 취로사업에 나가 일을 하였다. 그때도 키가 크고 체격이 좋아 아무도 중학생인 줄 몰랐다.

서울공고에 진학하여 기계과 배관 용접을 전공과목으로 정하고 열심히 기술을 익히고 공부하여 고교시절 내내 성적이 상위권이었다. 성적이 좋은 공고생을 상대로 해군사관학교에서 주는 장학금도 받았다. 그 장학금의 인연으로 공고 졸업 후 즉시 해군에 입대하여 해군부사관으로 군 복무를 마쳤다.

보통 해군 복무기간은 4년인데 공고시절 해군 장학금을 받아 그 혜택만큼 2년의 복무기간 연장으로 6년 6개월을 해군에서 보냈다.

그 사이 동갑내기 밀양아가씨인 아내를 만나 큰 아들이 태어났다.

스물여섯 나이에 아내와 아들을 거느린 가장인 그는 처음으로 자신의 삶과 장래에 대해 심각하게 고민했다. 해군에 있으면서 해기사 면허와 기관사 자격증을 따놓아 배를 타는 것은 쉬웠다. 상선도 좋고 원양어선도 좋고 배를 타고 여러 나라 항구를 드나들며 이국의 문화와 풍물을 접하는 것도 좋다고 생각했다.

"저는 바다가 좋습니다. 사춘기에 도무지 꿈을 꿀 겨를이 없을 만큼 생활이 어려웠는데 막연히 배를 타고 항해하면 좋겠다. 그런 생각을 했었던 적이 있었어요. 그래서 해군에 있을 때도 자원해서 계속 배를 탔어요."

그의 계획은 아내의 반대로 무산되었다. 배를 타는 쪽이 수입은 많겠지만 그보다 가족이 함께 사는 것을 그의 아내는 원했다. 한 번 배를 타고 나가면 적어도 6개월에서 1년 또는 2년을 선상생활 해야 하는 선원의 길을 아내가 강력히 만류하여 그는 항해의 꿈을 접고 아내의 의견에 따랐다.

그리하여 해안경찰대에 지원할 생각을 하고 있었는데 그때 마침 육상경찰 시험이 있다는 것을 알게 되었다. 육상경찰이라지만 일반 경찰관 선발시험이 아닌 서울 101경비단 시험이었다. 당시 서울에서는 일반 경찰공무원 선발 시험이 정기적으로는 없었고, 101경비단만 1년에 두 차례 시험이 실시되는데 국어, 국사, 정치, 경제 등 필기시험이 상당히 어렵고 경쟁률이 높았다. 그는 경비단에 지원하여 시험에 합격하였고, 청와대 경비사단에서 2년을 근무했다. 그 후 관악경찰서로 발령되어 일선 경찰업무를 보면서 뜻한 바 있어 늦깎이 향학열의 심지를 돋우었다. 그의 나이 45세에 방송통신대학 영문과에 입학한 것이다. 2004년의 일이다.

경찰에 근무하면서 방통대학 공부를 해야 하는 꽉 짜인 시간표에 몸은 지쳤지만 뭔가 목말랐던 갈증이 풀리는 느낌으로 그는 충만했던 것 같다. 전공과목인 영문학보다 교양과목 공부에 더 열심이었다.

"아무래도 경찰이라는 직업의식 탓인지 정치사상, 철학에 관심이 갔고, 동양학 중에서 교양과목 리포트를 준비하느라 무심코 중국 고전 중 '맹자'를 골라잡았어요. 처음엔 그냥 번역

본을 읽기 시작했는데 읽어가면서 맹자에 깊이 빠져들었어요. 중국의 춘추전국시대, 패권주의가 팽배했던 기원전 시대에 덕치실현의 정치를 주장한 맹자의 사상이 정말 놀라웠습니다."

그는 자기가 소속된 사회를 상기하지 않을 수 없었다. 그가 직접 다루는 범법자 조사와 법 집행, 그가 목격하는 세상 어디를 둘러봐도 대학교에서 교양과목으로 가르치는 가장 기초적인 헌법정신조차도 실현되지 않고 있었다. 아니 이 사회가 헌법정신을 지키기보다 짓밟고 있는 짓들을 아무렇지 않게 자행하고 있구나 하는 새삼스런 깨달음과 자각이 그를 아프게 때렸다. 2천 년 전에는 잘못을 잘못이라고 지적하는 의가 그나마 살아 있었는데 오늘날의 의와 지성의 외침은 다 낮잠을 자는 걸까? 맹자의 가르침 대신 맹모의 삼천지교가 먼저이다. 자식의 교육을 위해 여러 번 이사를 하였다는 맹자의 어머니는 물론 현명한 분이다.

배우는 아이들의 주거환경이 얼마나 교육에 큰 영향을 끼치는지에 대해 2천 년 전에도 고민했었다는 증거이리라.

맹자는 춘추전국시대 사람으로 제자백가 중 한 명으로 꼽힌다. 맹자의 성선설이나 정치사상을 그는 막연히 알고 있었다. 공자의 유교사상을 공자의 손자인 자사(子思)의 문하생에게서 배웠으며 도덕정치 왕도를 주창하였다. 맹자가 살았던 춘추전국시대는 군주가 정복전쟁을 통해 얻은 전리품으로 백성의 수를 늘리고 국가 재정을 확충하였으므로 강한 군사가 필수요건이었으나 맹자는 전쟁이 아닌 민생의 안정을 통해 국력을 키울 수 있고 이 길이 가장 이상적인 군주의 정치라고 주장하였다. 정복을 꿈꾸며 패권주의가 팽배해 있던 혼란한 시대에 사람이 제대로 존중받지 못하고 전쟁의 도구로 이용당하던 시대상황에서 사람이 사람답게 살 수 있는 방법이 무엇인가에 대해 맹자는 깊이 고민하고, 인간을 중심에 놓고 인간의 가능성을 실현하며 더불어 사는 사회를 꿈꾸었으며 그에 대해 철학적이고 현실적인 대안을 제시하였다.

맹자의 성선설에 대해서도 사람은 모두 선하다가 아닌 선을 지향하기 위해 실천과 노력이 뒤따른다는 해석이 성선설의 진정한 의미라는 현대의 재해석에 그 역시 공감하였다.

맹자를 읽고 깨달은 바가 많았다. 그 옛날 정치사상이나 철학이란 백성은 무조건 군주에게 충성을 다하고 부모에게 효도하라는 내용으로만 알았는데 진정한 치자(治者)의 인간 중심의 치세, 올바른 관리가 부국강병의 지름길이라고 설파한 2천년 전의 사상이 그저 놀라울 뿐이었다.

그는 어려서 독서할 기회가 별로 없었다. 독서의 중요성은 모르지 않았으나 실업학교의 특성상 실습시간에 쫓겨 독서할 시간이 없었다. 그런 그가 방통대학에 다니면서 필요에 의해 인문학서적과 소설책을 읽게 되었다. 이문열의 '사람의 아들', 김성동의 '만다라'에 큰 감동을 받았다. '사람의 아들'은 기독교적 소재에서 인간의 본질과 삶의 형태을 보았고 '만다라'에서는 불교의 도와 참 선의 경지가 무엇인지에 대해 새삼 깊이 생각하게 된 계기가 되었다. 두 작품 모두 대단히 인상적이어서 그 내용이 오래도록 잊혀지지 않을 것이란다.

할리데이비슨 마니아

박동성은 오토바이 타는 것이 취미이다.

그가 오토바이를 타기 시작한 것은 불과 10여 년, 출퇴근 시간대의 교통체증 때문이다. 집에서 용산경찰서까지 출근하려면 영등포에서 용산까지 길에서 시간이 너무 지체되어 스쿠터를 사서 타고 다녔다. 용산경찰서 외사 계에 근무, 용산 관할에 미군부대가 있다 보니 자연 미군범죄인 수사로 미 8군을 자주 드나들게 되었고, 미군부대에 가면 넓은 주차장에 승용차들과 나란히 세워져있는 각종 바이크들을 보는 것이 즐거움이었다. 그 중에 위용과 품위를 자랑하는 할리데이비슨 오토바이, 매력적인 자태에서 눈을 뗄 수가 없었다. 더구나 한남동에는 그 유명한 오토바이의 대명사, 할리데이비슨 코리아 지사 매장이 있다. 그는 할리데이비슨 매장 앞을 지날 때마다 당장 한 대 구입하고 싶은 충동이 솟구쳤지만 할리는 그렇게 만만한 가격이 아니있다. 가디오다 들러 진열된 할리데이비슨을 보는 것으로 아쉬움을 달래며, 매장에서 얻은 브로슈어를 틈만 나면 들여다보았다. 할리를 타고 달리는 자신의 모습을 상상하면서.

그 무엇에도 집착하거나 소유욕이 발동하는 성품이 아닌 박동성에게 할리데이비슨 오토바이에 대한 집착과 소유 욕구는 특별했다. 본인 자신도 제어가 잘 안되었다.

루이비통이나 프라다 같은 명품이 여자들의 로망이라면 할리데이비슨은 남자들의 로망이다.

흔히 오토바이로 불리는 이륜차는 영어인 오토(Auto)와 바이시클(bicycle)을 합성한 일본어지만 우리말 사전에 표준어로 올라있다. 그러나 박동성은 오토바이보다 모터바이크 또는 이륜자동차로 표기하는 것이 옳다고 힘주어 말했다.

할리데이비슨은 1903년 미국 위스콘신 주 밀워키에서 20대 초반의 엔진기술자였던 아서 데이비슨과 윌리엄 할리가 공동으로 오토바이제작공장을 시작하여 명품 할리데이비슨 오토바이를 제작 수출하기 시작하여 오늘에 이르렀다.

할리데이비슨이 뿜어내는 배기음은 두둥— 두둥— 두둥 두두

두둥……(potato-potato-potata..) 말발굽소리와 유사하고 엔진 소리는 인간의 심장박동 주기와 같다, 그 배기음 소리조차 국제특허로 등록되어 있어 할리만의 소리를 낼 수 있는 할리의 소리이다.

할리는 오토바이 부품 제작 외에 인간의 감성, 열정적인 남성의 심장 뛰는 소리를 모티브로 할리의 특별한 소리를 디자인하는 소리 연구소까지 갖추고 있다는 것

할리데이비슨의 인기는 세계적이다. 할리데이비슨을 타는 사람들이 만든 모임인 할리의 마니아 '호그'에 전 세계 128개국 130만 회원이 있으며 한국에도 약 1,200명이 있단다.

할리데이비슨 마니아들에게 할리는 단순한 오토바이가 아니라 인생 스토리인 동시에 문화이며 삶 자체라고 한다니 오토바이 문외한인 사람들에겐 이해가 잘 안가는 말이다.

박동성은 그 말발굽소리 같은 낮고 웅장한 배기음의 소리에 매혹되있다. 첫 눈에 홀딱 반하여 할리만을 사랑하게 되었고 소유의 열망으로 애간장이 탔다. 럭셔리한 몸치장을 좋아하는

여자들이 악마의 유혹처럼 세계적인 브랜드인 구찌, 샤넬, 프라다에 매혹되듯이 남자인 그에겐 할리를 소유하고 싶은 절절한 욕망과 유혹을 떨쳐낼 수 없었다. 2005년 드디어 거금을 들여 할리를 샀다. 중고였지만 그에게는 신형과 다를 바 없었다.

부모님과 가족 모두 그가 오토바이 타는 것을 극력 만류하였으나 그는 오토바이를 타고 달릴 때의 그 느낌이 좋았다.

125cc 오토바이를 타고 다녀도 교통체증으로 고생하지 않아도 되고 시간 절약 기름값 절약이 되어 여러 면으로 편리했으나 역삼각형 형태로 생긴 프레임에 V형 쌍둥이 엔진을 올려놓은 할리에 척 올라앉아 시동을 걸면 두두둥 두둥 두두두 서로 엇박자로 소리를 내면서 가볍게 엉덩이에 휘감기는 전율, 그 느낌이 일순 허공을 향해 날아오르는 기분이라는 것, 할리 데이비슨 마니아들은 모두 공감하리라.

모난 돌

모난 돌이 정 맞게 되어 있지 않느냐며 그가 웃는다.

101경비단에서 관악경찰서, 용산경찰서, 동작경찰서, 다시 관악경찰서 지구대에서 퇴직할 때까지 그는 올바른 국민의 지팡이로서의 책임과 의무를 다하려고 부단히 노력했다. 대단히 모범적인 경찰관 박동성이 문제의 인물로 떠오르며 경찰사회에 의외의 파문을 일으킨 사건은 어이없게도 그의 콧수염 때문이었다. 외국영화에서는 콧수염을 기른 경찰관을 흔히 보는데 우리나라에서는 경찰이 콧수염을 기르면 복장불량에 해당된단다. 그런데 박동성이 턱하니 윗입술에 콧수염을 기른 것이다. 물론 콧수염이 문제가 되어 경찰신분의 규정조항 저촉이 거론되기 전까지 그 사실을 몰랐다고 한다.

  그가 콧수염을 기른 동기는 특별한 이유가 있어서가 아니다. 매일 면도하는 일이 귀찮아서 콧수염이 자라는 것을 방치하다가 아랫수염은 깎고 윗수염을 그냥 놓아둬도 보기에 괜찮아 그대로 둔 것이 문제가 되었다. 그의 콧수염이 경찰서장의 눈에 띄었고, 그가 소속돼 있는 시림지구대장에게 박아무개 용모가 단정치 않다는 지적과 압력이 가해지면서 감찰에서 문제를 삼았다.

그는 어이가 없기도 하고 본인 자신이 봐서 보기 흉하면 깎을 수도 있는 아주 사소한 개인적인 취향을 지적당하자 몹시 자존심이 상했고, 일종의 오기가 발동하여 계속 수염을 길렀다.

그는 서울경찰청의 경찰들만 보는 사이트에 경찰의 용모단정과 콧수염이 무슨 관계가 있느냐, 이것은 개인의 개성이며 자유가 아니냐는 뜻의 글을 올렸는데 찬반의 댓글이 많이 올랐다.

두 번째로 문제 인물이 된 것은 이륜자동차 고속도로 주행 문제다. 박동성 자신이 서문으로 쓴 글에 있듯이 2005년 이륜차에 대한 고속도로 통행을 규제하는 도로교통법에 대한 헌법소원을 제기했으나 기각됐다.

2007년 4월 9일 이번에는 그가 직접 이륜차를 타고 고속도로를 주행한 후 재차 헌법소원을 제기하였다.

그러나 이륜차를 타고 고속도로를 주행하다 경찰의 제지를 당한 사건으로, 박동성에겐 천안 지방검찰청에서 벌금 30만 원이 선고되었다. 그 벌금 30만 원 미납으로 수배자가 되어 현직 경찰관이 소속 지구대에서 구치감에 구속되는 경찰사상 전무한 사태가 발생하였다.

그 사건에 대해 본인이 블로그에 올린 글을 옮겨 적는다.

…… 저녁 7시경 검찰청에 인계되었고 밤 9시경에 구치소로 이송되었습니다. 입감 절차를 마치고 취침을 하려고 누워있는데 교도관이 와서 벌금을 납부했다며 나오라고 했습니다.
출감해 보니 집사람과 경찰동기생이 기다리고 있었어요, 남편의 구금사태에 기절할 듯이 놀란 집사람에게 경찰동기가 아무나 벌금만 내면 나온다고 알려주어 집사람이 벌금을 납부한 것입니다. 구치소 구금 기간은 고작 2시간에 불과했지만 그 잠깐 동안 자유와 갇힘에 대해 참 많은 생각을 하게 되었습니다.

그가 벌금을 미납하고 구치소에 구속수감을 자처한 이유는 잘못된 법 집행에 의해 내려진 벌금을 납부하기보다는 차라리 노역장에 유치되기를 바랐기 때문이다. 대한민국 국민으로 성실한 납세자인 이륜차 운전자들을 교통법 위반행위로도 구금

할 수도 있다는 불의한 법이라는 사실을 인식시키기 위해 법망의 선을 그가 스스로 밟고 선 셈이다.

2007년 4월의 다음 블로거들 사이에 박동성은 유명인사다. 그가 당한 불이익과 고통을 위로하고 그의 당당한 행보에 힘을 보태자는 뭉치아빠 후원회가 결성되고, 그의 오토바이 고속도로 주행 시위사건이며 파면사건, 구속수감사건 등이 자세히 소개되어 있다. 전국의 바이크 마니아들뿐만 아니라 법 집행이 올바르지 못했다고 생각하는 많은 블로거들이 뭉치아빠 후원회 회원으로 이름을 등재하였다.

용의불량 경찰관의 반항

고속도로를 오토바이로 주행한 경찰관이 이름표도 달지 않고 콧수염을 길렀다는 것이 경찰관으로서 용의가 단정치 못하다는 비위사실로 지적되어 파면되었다. 그는 관의 처사가 부당하고 억울하여 즉시 소청(訴請)- 공무원 징계등 불이익 처분에 대한 심사를 하는 행정심판에 의해 복직됐다. 제복들 틈에

낀 이단자, 쌀에 뉘 같은 존재로 경찰 직무를 이행하기가 얼마나 힘겹고 어려웠을까? 미루어 짐작이 간다. 이어 행정소송에서도 반가운 결과가 날아들었다. 경찰관으로서 콧수염을 기른 행위는 징계사유가 되지 않는다는 판결을 받았다.

그는 다시 관악경찰서 신림지구대에 근무하였다.

말로하면 쉽지만 그가 당한 사건과 사태는 결코 간단하지 않았을 것이다. 그에 따른 심적 갈등과 고통은 또 어떠했을까?

이 일련의 사태로 그의 늦깎이 향학열에 잠시 쉼표를 찍었다가 2008년 복학하여 방통대 4학년을 마치고 다음해 1월에 졸업했다. 경찰에서도 명예퇴직을 하였다.

청와대 101경비사단에서 시작한 경찰생활 25년.

대학공부를 하면서 그는 자기가 직접 겪은 경험을 바탕으로 책을 집필하기 시작하여 퇴직 직전에 출판할 생각이었으나 어떻든 현직에서는 잘못된 헌법을 고쳐야 한다는 주장의 책을 출판할 수가 없을 것 같아서 유보했다가 퇴직하고서 이번에 출판하기로 마음을 먹었다고 한다.

2009년 12월 31자로 경찰복을 벗은 그는 경남 거제시로 내려갔다. 그곳의 택시회사에 취직하여 가족들도 데려가 경남 거제시에 새로운 둥지를 틀었다. 그는 연금에서 모자라는 생활비를 보충하기 위해 택시운전을 하며 쉬는 날엔 그가 사랑하는 애마 다이나와이드 글라이드를 탄다.

슬하에 아들만 둘인 그는 딸을 입양하는 심경으로 강아지 뭉치아가씨를 분양받아 딸처럼 애지중지 기르고 있다. 그래서 그의 별명이자 아이디가 뭉치아빠이다.

기독교 신자로 주일을 지키고 두 아들의 형같은, 친구같은 아버지인 그는 앞으로 인생의 목표도 아주 간단하다. 즐겁고 행복하게, 남을 배려하면서 정직하게 살자는 것이다.

"책을 내는 특별한 목적이라면 내게 주어진 관습의 틀을 깨고 바로잡는 일에 한 발 앞장을 선다. 옳음을 위해서 침묵해서는 안 된다, 기득권에 편향된 헌법의 악조항은 반드시 지적하고 자유민주주의적인 조항으로 고쳐야 한다고 지적하자는 내 생각을 쓴 글을 많이 읽어주고 공감하고 동조하는 사람이 많앉으면 하는 것."

　박동성은 투사도 아니고 정치가가 되기를 희망하는 사람도 아니다. 국민으로서 국민의 정당한 권리를 주장하고 찾자는 보통사람일 뿐이다. 그의 건강한 사고와 결연한 앞선 걸음에 경의와 격려의 박수를 보낸다.

박동성 수상집

대한민국 법이 개법인가?

초판인쇄 2011년 4월 1일
초판발행 2011년 4월 7일

서　　사　박 동 성
발 행 인　서 정 환
편 집 인　백 시 종
주　　간　채 문 수
편 집 장　김 정 례
편집차장　박 명 숙
편　　집　권 은 경 · 김 미 립
펴 낸 곳　도서출판 **계간문예**

출판등록　2005년 3월 9일 제300-2005-34호
주　　소　서울시 종로구 익선동 30-6
　　　　　운현신화타워 207호
E-mail　qmyes@naver.com
전　　화　☎ 02) 3675-5633

값 10,000원

ISBN 978-89-6554-021-2 (03810)

ⓒ 박동성 2011. Printed in Korea

파본은 본사나 구입한 서점에서 바꾸어 드립니다.
내용의 재사용은 저작권자의 동의를 받아야 합니다.